BESTACTIVITYBOOKS.COM

Copyright © 2022 LINGUAS CLASSICS

PRIMEIRA EDIÇÃO - 2022

Ilustración gráfica adicional: www.freepik.com
Graças a Alekksall, Starline, Pch.vector, Rawpixel.com, Vectorpocket, Dgim-studio, Upklyak, Macrovector, Stockgiu, Pikisuperstar & Freepik.com Designers

Descobrir Jogos Online Grátis

Disponível Aqui:

BestActivityBooks.com/FREEGAMES

5 DICAS PARA COMEÇAR

1) CÓMO RESOLVER LAS SOPA DE LETRAS

Os puzzles têm um formato clássico:

- As palavras estão escondidas sem espaços ou hífenes,...
- Orientação: As palavras podem ser escritas para a frente, para trás, para cima, para baixo ou na diagonal (podem ser invertidas).
- As palavras podem sobrepor-se ou intersectar-se.

2) APRENDIZAGEM ACTIVA

Ao lado de cada palavra há um espaço para anotar a tradução. Para encorajar a aprendizagem activa, um **DICIONÁRIO** no final desta edição permitir-lhe-á verificar e expandir os seus conhecimentos. Procure e anote as traduções, encontre-as no puzzle e adicione-as ao seu vocabulário!

3) MARCAR AS PALAVRAS

Pode inventar o seu próprio sistema de marcação - talvez já use um? Pode também, por exemplo, marcar palavras difíceis de encontrar com uma cruz, palavras favoritas com uma estrela, palavras novas com um triângulo, palavras raras com um diamante, e assim por diante.

4) ESTRUTURANDO A APRENDIZAGEM

Esta edição oferece um **CADERNO DE NOTAS** prático no final do livro. Nas férias, em viagem ou em casa, pode facilmente organizar os seus novos conhecimentos sem a necessidade de um segundo caderno!

5) JÁ TERMINOU TODAS AS GRELHAS?

Nas últimas páginas deste livro, na secção **DESAFIO FINAL**, encontrará um jogo gratuito!

Rápido e fácil! Consulte a nossa colecção de livros de actividades para o seu próximo momento de diversão e **aprendizagem**, a apenas um clique de distância!

Encontre o seu próximo desafio em:

BestActivityBooks.com/MeuProximoLivro

Aos vossos lugares, preparem-se...Vão!

Sabia que existem cerca de 7.000 línguas diferentes no mundo? As palavras são preciosas.

Adoramos línguas e temos trabalhado arduamente para criar livros da mais alta qualidade para si. Os nossos ingredientes?

Uma selecção de tópicos adequados à aprendizagem, três boas porções de entretenimento, e depois acrescentamos uma colherada de palavras difíceis e uma pitada de palavras raras. Servimo-los com amor e máximo divertimento, para que possa resolver os melhores jogos de palavras e se divirta a aprender!

A sua opinião é essencial. Pode participar activamente no sucesso deste livro, deixando-nos um comentário. Gostaríamos de saber o que mais lhe agradou nesta edição.

Aqui está um link rápido para a sua página de encomendas:

BestBooksActivity.com/Avaliacoes50

Obrigado pela vossa ajuda e divirtam-se!

A Equipa Inteira

1 - Dirigindo

```
M  I  M  I  P  P  T  S  D  B  P  D  S  G  S  L
O  T  U  A  N  E  U  R  I  P  N  Z  E  T  A  P
T  A  M  I  Y  D  P  G  A  Z  N  E  C  I  L  S
O  F  U  Z  T  O  A  O  C  S  M  E  X  C  Y  I
R  R  X  I  F  N  M  Z  O  E  P  J  L  D  C  H
E  E  G  L  H  A  R  T  N  L  N  O  I  M  A  C
D  N  T  O  A  L  E  N  N  U  T  P  R  W  E  I
X  I  U  P  M  E  N  O  I  Z  N  E  T  T  A  N
S  I  C  U  R  E  Z  Z  A  D  A  R  T  S  O  C
M  N  N  P  M  O  T  O  G  S  Z  M  C  D  C  I
P  E  R  I  C  O  L  O  B  A  T  S  Y  F  I  D
L  N  J  E  T  N  A  R  U  B  R  A  C  C  F  E
T  B  N  Q  I  B  F  G  I  Y  Y  A  Y  Z  F  N
G  K  M  T  G  A  G  S  C  I  L  K  G  O  A  T
R  Y  U  E  D  F  E  I  K  Q  F  P  O  E  R  E
U  M  A  P  P  A  L  E  R  G  P  U  P  B  T  F
```

INCIDENTE	MAPPA
CAMION	MOTO
AUTO	MOTORE
CARBURANTE	PEDONALE
ATTENZIONE	PERICOLO
STRADA	POLIZIA
FRENI	SICUREZZA
GARAGE	TRASPORTO
GAS	TRAFFICO
LICENZA	TUNNEL

2 - Antiguidades

```
M W G K Z Y J Q T Q A A S T A I
D B F B F Y J E H U P R S M H N
D E V A L O R E P A P U T O S V
C T C A S D K T T L A T I N Z E
T N G O Z Z E R P I S L L E Z S
D A Z L R R L A W T S U E T X T
Q G Y O A A Q Q P À I C T E P I
O E Z C G U T L H O O S I O D M
T L Z I B A T I R H N T Q B G E
I E U T X P L E V X A F E V E N
L P N R N J R L N O T J J E H T
O R U A T S E R E T O G R C T O
S E C O L O K I T R I M B C R J
N M O B I L I O B W I C K H I B
I R T C H P I B O G Q A O I P P
P Y R Q X F I T E W I H P O Z C
```

ARTE
AUTENTICO
DECORATIVO
ELEGANTE
APPASSIONATO
SCULTURA
STILE
GALLERIA
INSOLITO
INVESTIMENTO

ARTICOLO
ASTA
MOBILIO
MONETE
PREZZO
QUALITÀ
RESTAURO
SECOLO
VALORE
VECCHIO

3 - Churrascos

```
F L B S N E T C P F K B R Y W I
T E X D R B N W A E A Z F Q S H
B T O S R S A E S L P O A N E C
E A T T U R F T L A D E M M D O
S L M F A M E L A S E O I U O I
T A N B A A X L S N Z F G S S G
A S U H I L L E T L O C L I V C
T N L E M N H L I Y Z J I C E E
E I D M E K I X N Z N B A A R S
N O R Z K Z I O V J A D Z H D A
P O M O D O R I I C R W U Q U E
C F T P O L L O T J P S U B R W
G R I G L I A K O E F P W W E U
Y R E G I G Q M X Q Y R I P N M
S X H O Q D J B J B K J K D Z S
D Q C B B O X Q P H M F J G U F
```

PRANZO
INVITO
BAMBINI
COLTELLI
FAMIGLIA
FAME
POLLO
FRUTTA
GRIGLIA
CENA

GIOCHI
VERDURE
SALSA
MUSICA
PEPE
CALDO
SALE
INSALATE
POMODORI
ESTATE

4 - Geologia

```
F S T A L A G M I T I X E Q C V
T O U G X N P Z K G X G R U O U
E G S B K O Y J S K X W O D N L
R D G S Z Z O Q I H F J S M T C
R H Q H I L A R E N I M I F I A
E G Y U L L T F Q H C A O S N N
M U S O L D E L A V A C N T E O
O Z U P A N R E V A C I E R N B
T M A R T E I P U K O D N A T O
O F D E S C N P D C C O A T E R
I A H K I Y A S F T T Y N O U Q
A N S Q R S W L A C O R A L L O
A W C G R Q I C L C K R B I W
A L T O P I A N O I E Z D Q L L
S T A L A T T I T E O T R K N H
F L A U K Z Q U A R Z O X K E Q
```

ACIDO	FOSSILE
STRATO	LAVA
CAVERNA	MINERALI
CALCIO	PIETRA
CONTINENTE	ALTOPIANO
CORALLO	QUARZO
CRISTALLI	SALE
EROSIONE	TERREMOTO
STALATTITE	VULCANO
STALAGMITI	ZONA

5 - Ética

```
X U O B A I B A R R R F O D I A
A F M Z H L I N I A A I T I N L
E K S A D A D U S Z G L T P T T
N W I Z N Y Y P P I I O I L E R
O C L Z Y I M M E O O S M O G U
I M A E X Z T O T N N O I M R I
Z O E L D W R À T A E F S A I S
A N R I A I W E O L V I M T T M
R E L T Z W G B S I O A O I À O
E S C N Z J D N O T L E X C C B
P T T E E C P K I À E Z O O H C
O À I G G G Y U S T I Q D K M G
O C U I G C M R S G À N W L U A
C O M P A S S I O N E T N K A W
O O C B S K B E N E V O L O E U
T O L L E R A N Z A V A L O R I
```

ALTRUISMO	INTEGRITÀ
BENEVOLO	OTTIMISMO
GENTILEZZA	RAZIONALITÀ
COMPASSIONE	RAGIONEVOLE
COOPERAZIONE	REALISMO
DIGNITÀ	RISPETTOSO
DIPLOMATICO	SAGGEZZA
FILOSOFIA	TOLLERANZA
ONESTÀ	VALORI
UMANITÀ	

6 - Tempo

```
J D I I S R A M R Z Z F W K A J
W Y B W E E Z I H P O U B Z N A
G Z C S T O Z N O R A T U O N E
N R W C T H J U X N M U M G O X
S C J L I W S T K Q I R A G T A
R B P U M S W O Q T R O T I A N
I F X X A F M A N O P D T E S N
S O I N N E C E D R Y H I R S U
D T H M A R F S F D O O N Q A A
O N R O I G O Z Z E M I A O P L
H E O I R A D N E L A C G W B E
N M H T X I N A T Z Q W D T R C
R O Q J T R W Y O W P M H L M P
O M G D L E Q D C P E E Y Q N M
X D X H H I H O R L R S H U Q N
O R O L O G I O L O C E S E W D
```

ANNO
PRIMA
ANNUALE
CALENDARIO
DECENNIO
GIORNO
FUTURO
OGGI
ORA
MATTINA

MEZZOGIORNO
MESE
MINUTO
MOMENTO
NOTTE
IERI
PASSATO
OROLOGIO
SETTIMANA
SECOLO

7 - Astronomia

```
N G E R B H U R A Z Z O G C A L
E C O S T E L L A Z I O N E Y H
B T E R R A A S T R O N A U T A
U A S T R O N O M O M A C Q C T
L U N I V E R S O K S E X À F W
O X R F G E G E D I O R E T S A
S R X E I S M Q P D C J N I Z Q
A Q O I N B Q U I T S I O V S G
E M C I E L O I A B W C I A U E
B C E L K O R N N A W G Z R P R
A B L T M P K O E A K H A G E E
L H C I E Y Y Z T F R P I Q R G
P U P W S O D I A N J W D R N I
R P N O Z S R O Q H E R A L O S
W I U A S B I A P D E J R Z V O
O S S E R V A T O R I O A R A K
```

ASTEROIDE
ASTRONAUTA
ASTRONOMO
CIELO
COSTELLAZIONE
COSMO
ECLISSI
EQUINOZIO
RAZZO
GRAVITÀ

LUNA
METEORA
NEBULOSA
OSSERVATORIO
PIANETA
RADIAZIONE
SOLARE
SUPERNOVA
TERRA
UNIVERSO

8 - Acampamento

```
J  F  K  M  N  D  K  I  L  A  M  I  N  A  T  X
O  Q  E  Z  H  Z  D  G  N  O  G  R  B  N  E  P
W  B  A  O  N  A  C  C  T  S  D  L  U  I  N  S
C  O  R  D  A  I  C  C  A  C  E  R  O  B  D  D
K  G  U  Z  R  R  Y  P  L  Q  N  T  W  A  A  M
G  A  T  R  U  E  M  A  O  U  W  R  T  C  Y  Z
M  L  A  F  T  B  A  K  S  T  F  B  A  O  J  M
N  C  Z  C  N  L  X  I  S  M  E  W  S  B  U  O
A  A  Z  C  E  A  H  G  U  O  Y  O  M  L  X  N
T  P  E  K  V  B  L  T  B  M  F  L  U  N  A  T
U  P  R  D  V  M  R  S  G  J  F  U  J  C  P  A
R  E  T  E  A  F  O  R  E  S  T  A  O  G  I  G
A  L  T  T  P  C  C  I  P  N  Y  G  P  C  G  N
M  L  A  X  P  Y  A  J  H  S  Q  Q  E  P  O  A
T  O  U  D  A  W  Y  M  N  E  T  Y  N  L  I  T
H  P  C  O  M  B  H  O  A  D  F  W  E  W  D  J
```

ANIMALI	FORESTA
AVVENTURA	FUOCO
ALBERI	INSETTO
BUSSOLA	LAGO
CABINA	LUNA
CACCIA	AMACA
CANOA	MAPPA
CAPPELLO	MONTAGNA
CORDA	NATURA
ATTREZZATURA	TENDA

9 - Ficção Científica

```
J  N  G  P  F  E  R  E  U  T  O  P  I  A  I  I
F  N  R  I  W  C  S  N  S  L  O  G  S  Z  L  M
G  O  M  A  C  C  K  P  N  T  I  W  E  N  L  M
F  W  J  N  I  E  Q  M  L  C  R  G  R  J  U  A
R  R  H  E  E  A  R  F  U  O  J  E  S  O  S  G
S  O  L  T  B  T  E  A  T  C  S  A  M  N  I  I
M  D  B  A  A  W  A  N  E  I  D  I  O  O  O  N
X  N  W  O  P  K  L  T  C  T  I  S  O  C  N  A
R  O  H  R  T  O  I  A  N  S  S  S  L  N  E  R
A  M  E  N  I  C  S  S  O  I  T  A  O  G  E  I
A  M  Z  C  R  I  T  T  L  R  O  L  C  M  E  O
I  H  W  S  B  M  I  I  O  U  P  A  A  Y  C  C
M  B  Z  H  I  O  C  C  G  T  I  G  R  J  W  O
T  Q  G  Y  L  T  O  O  I  U  A  P  O  Q  X  U
E  G  M  X  E  A  E  H  A  F  H  R  U  R  K  F
N  E  L  Q  F  M  I  S  T  E  R  I  O  S  O  P
```

ATOMICO
CINEMA
DISTOPIA
ESPLOSIONE
ESTREMO
FANTASTICO
FUOCO
FUTURISTICO
GALASSIA
ILLUSIONE

IMMAGINARIO
LIBRI
MISTERIOSO
MONDO
ORACOLO
PIANETA
REALISTICO
ROBOT
TECNOLOGIA
UTOPIA

10 - Mitologia

```
L A B I R I N T O Z M Z N F V C
J T D À B A G F I Z E X F O E O
M O R T A L E U U W U X D R N M
D J R I J R O M E L O H A Z D P
I U R L A N R M D R M C Y A E O
S D G A H B E K A O R I K Y T R
A G I T X P A J T G A I N F T T
S I C R M O S T R O I F E E A A
T C U O E R O I N A S C N R X M
R T L M Y Y C A C K O J O N O E
O U T M C B S S R R L O I Z R N
Q O U I A M X L N E E O Z I S T
G N R S S Y U N E W G U A M H O
S O A R U T A E R C A U E N F D
D E X U R O P I T E H C R A S N
L E G G E N D A M B Q W C N L X
```

ARCHETIPO	EROE
GELOSIA	IMMORTALITÀ
COMPORTAMENTO	LABIRINTO
CREAZIONE	LEGGENDA
CREATURA	MAGICO
CULTURA	MOSTRO
DISASTRO	MORTALE
FORZA	FULMINE
GUERRIERO	TUONO
EROINA	VENDETTA

11 - Medições

```
M  L  X  C  J  T  N  W  A  S  S  A  M  L  M  P
N  A  C  H  U  Z  L  D  E  L  E  N  Q  I  E  O
S  R  K  I  C  R  Y  D  S  U  T  X  A  T  T  L
J  G  E  L  A  M  I  C  E  D  Y  E  W  R  R  L
O  H  P  O  B  T  Q  J  T  X  B  P  Z  O  O  I
A  E  D  G  M  E  U  Q  T  O  T  L  Z  Z  P  C
S  Z  O  R  T  E  M  O  L  I  H  C  U  P  A  E
H  Z  P  A  T  A  L  L  E  N  N  O  T  E  Z  S
G  A  E  M  U  L  O  V  A  I  S  M  K  S  Z  G
M  R  T  M  J  W  T  Y  Y  N  D  X  M  O  E  R
S  I  A  O  P  R  O  F  O  N  D  I  T  À  H  A
J  S  N  M  C  E  N  T  I  M  E  T  R  O  G  D
E  W  I  U  M  P  S  Z  G  F  D  A  I  C  N  O
P  F  B  D  T  O  I  K  O  U  Q  E  T  M  U  Z
L  E  H  T  C  O  Y  D  S  G  U  Y  I  R  L  E
L  F  D  T  X  T  Z  Z  P  G  R  K  H  M  M  P
```

ALTEZZA	METRO
BYTE	MINUTO
CENTIMETRO	ONCIA
LUNGHEZZA	PESO
DECIMALE	POLLICE
GRAMMO	PROFONDITÀ
GRADO	CHILOGRAMMO
LARGHEZZA	CHILOMETRO
LITRO	TONNELLATA
MASSA	VOLUME

12 - Álgebra

```
R R N E S S P A R E N T E S I X
S Z H K K F O C S O L Q B M T A
D F F A F T G L F O A N R A T F
Q B Q I Z I L Y U Q M B X T Q C
V A R I A B I L E Z B M O R M X
R E R A M M A R G A I D A I H L
E N O I Z A R T T O S O G C H H
R O F R A Z I O N E H P N E G I
F I T S I P F T X N N R N E U E
A Z H I P R O B L E M A I S T R
T A Q T N U G W S F O R M U L A
T U C À T I T N A U Q A A N G E
O Q H I G J F Y F A L S O Y M N
R E Z E R O K N U M E R O R U I
E H E R A C I F I L P M E S C L
E S P O N E N T E I Y Y B L Q B
```

DIAGRAMMA
EQUAZIONE
ESPONENTE
FALSO
FATTORE
FORMULA
FRAZIONE
INFINITO
LINEARE
MATRICE

NUMERO
PARENTESI
PROBLEMA
QUANTITÀ
SEMPLIFICARE
SOLUZIONE
SOMMA
SOTTRAZIONE
VARIABILE
ZERO

13 - Plantas

```
B Q U C M Z J B E E F B Q F F C
Q A C I N A T O B R L U H E O E
R Q M F O G L I A B O G Z R B S
E H G B P O S B I A R I O T F P
N T Q S Ù R Z O O W A B F I X U
E D E R A A J S E A H Z U L F G
F Y N D P D H K U B J H L I A L
M O K H B I P E T A L O H Z G I
U N R N Q C D J A T I A A Z I O
S I Q E S E M A I L G O F A O U
C D T U S R E H K Y K U F N L D
H R F E U T B A C C A E X T O K
I A J Y T M A I C I M G Z E Q Z
O I S F C V E G E T A Z I O N E
N G Z G A T M S I O O K W J Y Q
H R F L C B P G A L B E R O O I
```

CESPUGLIO
ALBERO
BACCA
BAMBÙ
BOTANICA
CACTUS
ERBA
FAGIOLO
FERTILIZZANTE
FIORE

FLORA
FORESTA
FOGLIA
FOGLIAME
EDERA
GIARDINO
MUSCHIO
PETALO
RADICE
VEGETAZIONE

14 - Veículos

```
C Z U Q A M S C O O T E R O D S
A C R A B E P N E U M A T I C I
R T B R O T E R O T O M E N F N
A R I X N R S L U P D S G A J U
V A C E C O A B I C Q U Y V Z S
A G I H K P Z M T C Y B O E B C
N H C R Z O I A B K O O A T T A
K E L E C L M X T U I T C T A M
F T E X Z I C U U T L U T A X I
L T T K P T Z P X N E A H E I O
T O T U A A K J L J D R N Z R N
J P A M C N B E A X R I A Z Q O
X A K C U A I Z E C N L D Z A X
E P R N F O N I R A M O T T O S
T R A T T O R E E L N B C S H I
U G A Q N S N C O Z Z A R S O X
```

AMBULANZA	ZATTERA
AEREO	SCOOTER
TRAGHETTO	METROPOLITANA
BARCA	MOTORE
BICICLETTA	AUTOBUS
CAMION	PNEUMATICI
CARAVAN	SOTTOMARINO
AUTO	TAXI
RAZZO	NAVETTA
ELICOTTERO	TRATTORE

15 - Engenharia

```
C  Q  T  T  F  N  A  F  S  X  L  E  S  E  I  D
Y  U  I  G  Q  O  X  N  U  S  M  N  A  N  E  L
D  B  Y  I  A  Q  R  X  G  Z  J  C  T  E  S  G
P  I  B  E  D  I  E  Z  M  O  K  X  T  R  T  M
R  E  S  S  A  C  H  T  A  R  L  Y  R  G  R  A
O  N  À  T  I  L  I  B  A  T  S  O  I  I  U  C
F  O  R  E  R  O  T  O  M  E  Q  D  T  A  T  C
O  I  B  E  Y  I  Q  R  H  M  U  I  O  M  T  H
N  Z  X  A  B  L  B  E  K  A  A  U  I  M  U  I
D  U  S  G  Y  J  H  U  Q  I  X  Q  B  A  R  N
I  R  K  H  Z  B  O  E  Z  D  H  I  R  R  A  A
T  T  C  A  L  C  O  L  O  I  K  L  D  G  M  G
À  S  E  N  O  I  S  L  U  P  O  R  P  A  J  Q
D  O  G  D  U  X  E  F  H  A  R  N  K  I  B  D
O  C  D  I  M  E  N  S  I  O  N  I  E  D  M  P
M  I  S  U  R  A  Z  I  O  N  E  F  A  X  Z  T
```

ATTRITO	ENERGIA
ANGOLO	STABILITÀ
CALCOLO	STRUTTURA
COSTRUZIONE	FORZA
DIAGRAMMA	LIQUIDO
DIAMETRO	MACCHINA
DIESEL	MISURAZIONE
DIMENSIONI	MOTORE
DISTRIBUZIONE	PROFONDITÀ
ASSE	PROPULSIONE

16 - Restaurante # 2

```
H  G  Y  X  C  E  N  A  S  G  G  Q  N  D  D  I
Y  Q  H  L  L  C  O  X  Z  E  T  O  R  T  A  S
O  I  A  I  H  C  C  U  C  R  D  H  G  A  T  Z
L  I  D  Z  A  U  Q  C  A  E  O  I  A  P  T  X
P  E  S  C  E  C  K  C  V  I  T  O  A  P  U  Y
T  L  I  B  E  H  C  Q  O  R  Q  K  T  G  R  T
D  A  P  O  J  U  A  I  U  E  G  Z  A  S  F  R
R  S  P  F  L  I  D  O  O  M  E  T  L  F  R  I
A  P  E  R  I  T  I  V  O  A  D  N  A  V  E  B
Q  L  R  F  N  K  S  O  U  C  I  S  S  P  U  F
L  Q  U  I  J  Z  M  P  K  K  D  F  N  R  K  D
X  G  D  G  A  R  T  S  E  N  I  M  I  A  M  I
F  O  R  C  H  E  T  T  A  Z  H  J  B  N  Z  J
N  G  E  Y  Q  E  M  W  X  Z  I  K  J  Z  N  O
Z  A  V  K  K  T  E  Q  K  O  I  E  Q  O  Q  I
D  M  S  L  Y  Q  E  D  E  L  I  Z  I  O  S  O
```

PRANZO

APERITIVO

ACQUA

BEVANDA

TORTA

SEDIA

CUCCHIAIO

DELIZIOSO

SPEZIE

FRUTTA

CAMERIERE

FORCHETTA

GHIACCIO

CENA

VERDURE

UOVA

PESCE

SALE

INSALATA

MINESTRA

17 - Países #2

```
L  J  H  Z  N  R  N  C  U  R  C  O  W  P  M  D
B  X  B  U  T  I  I  E  G  M  L  R  M  A  R  H
W  B  Z  J  S  G  G  I  A  Z  I  M  K  K  U  D
W  F  E  Q  Z  Y  E  B  N  U  I  Z  E  I  A  I
K  O  A  I  C  E  R  G  D  F  W  W  O  S  N  N
I  K  R  H  R  N  I  X  A  N  B  U  T  T  A  D
U  S  O  A  L  O  A  I  S  S  U  R  J  A  Q  O
W  Z  I  I  Z  P  M  E  S  S  I  C  O  N  Q  N
D  Y  G  T  H  P  F  S  I  R  I  A  Q  X  E  E
S  A  P  I  J  A  C  R  A  M  I  N  A  D  B  S
O  N  D  W  O  I  D  I  A  N  X  R  D  B  H  I
M  I  R  N  R  G  Z  B  E  N  E  J  H  L  K  A
A  A  C  I  A  M  A  I  G  O  C  P  A  G  P  E
L  R  A  L  N  L  I  B  A  N  O  I  A  C  Z  X
I  C  Z  C  H  B  R  A  U  J  Z  S  A  L  X  D
A  U  N  F  Z  C  S  I  T  A  L  B  A  N  I  A
```

ALBANIA	LIBANO
DANIMARCA	MESSICO
FRANCIA	NEPAL
GRECIA	NIGERIA
HAITI	PAKISTAN
INDONESIA	RUSSIA
IRLANDA	SIRIA
GIAMAICA	SOMALIA
GIAPPONE	UCRAINA
LAOS	UGANDA

18 - Cozinha

```
W  G  G  F  O  R  N  O  T  L  L  J  K  S  X  N
Z  R  H  R  E  E  I  P  P  A  A  L  N  P  X  M
F  I  I  R  E  X  P  P  C  A  Z  T  M  E  W  Z
D  G  E  S  L  M  I  G  Z  Y  N  Z  K  Z  N  I
X  L  R  G  B  K  B  N  B  Q  Q  H  E  I  U  J
F  I  O  U  H  S  P  I  Z  J  X  O  O  E  U  B
B  A  T  B  D  F  C  J  U  O  L  O  T  S  E  M
Q  O  A  D  L  O  O  A  D  L  S  C  M  F  S  B
Z  S  L  R  I  J  E  I  E  O  E  O  A  O  P  A
R  A  E  L  A  T  T  E  C  I  R  L  N  R  U  C
X  V  G  K  I  F  K  L  B  L  G  T  G  C  G  C
R  J  N  Q  H  T  T  F  M  G  S  E  I  H  N  H
B  R  O  C  C  A  O  W  G  A  U  L  A  E  A  E
S  P  C  W  C  T  P  R  O  V  L  L  R  T  U  T
I  A  J  I  U  W  S  P  E  O  I  I  E  T  G  T
Y  Y  F  W  C  U  W  U  C  T  B  R  G  E  P  E
```

GREMBIULE	FORNO
BOLLITORE	CONGELATORE
CUCCHIAI	FORCHETTE
MANGIARE	GRIGLIA
MESTOLO	TOVAGLIOLO
TAZZE	VASO
SPEZIE	BROCCA
SPUGNA	BACCHETTE
COLTELLI	RICETTA

19 - Material de Arte

```
O  G  U  K  J  A  A  D  M  N  P  S  P  A  P  C
C  L  M  H  G  I  C  W  F  S  O  E  A  C  O  W
E  T  I  T  A  M  R  S  C  P  S  D  S  Q  A  T
E  L  R  O  M  I  I  M  U  A  Q  I  T  U  H  Q
O  L  O  V  A  T  L  S  A  Z  I  A  E  E  L  S
T  N  L  X  C  E  I  E  L  Z  B  A  L  R  Y  L
T  T  O  D  Q  L  C  F  N  O  S  U  L  E  M  P
E  B  C  D  U  E  O  E  J  L  W  E  I  L  J  E
L  V  C  A  A  C  L  M  S  E  J  J  I  L  O  X
L  E  O  B  Y  A  C  A  R  B  O  N  E  I  C  C
A  R  G  U  K  M  C  S  M  A  R  G  I  L  L  A
V  N  Q  R  U  E  I  N  C  H  I  O  S  T  R  O
A  I  H  A  F  R  G  O  M  M  A  N  P  T  B  N
C  C  L  G  B  A  C  R  E  A  T  I  V  I  T  À
S  I  C  L  E  J  Y  R  K  J  D  E  Y  E  T  N
C  A  R  T  A  X  L  D  R  I  F  X  L  N  N  R
```

ACRILICO	COLORI
GOMMA	CREATIVITÀ
ACQUERELLI	SPAZZOLE
ARGILLA	MATITE
ACQUA	TAVOLO
SEDIA	OLIO
CARBONE	CARTA
CAVALLETTO	PASTELLI
TELECAMERA	INCHIOSTRO
COLLA	VERNICI

20 - Números

```
G  N  H  M  F  L  K  Y  D  V  T  R  E  C  K  D
O  T  T  O  R  E  Z  L  O  E  F  C  T  N  A  I
N  R  W  R  T  R  X  W  D  N  K  O  W  Y  O  C
U  Q  F  I  C  E  I  D  I  T  S  P  H  S  Z  I
R  O  K  C  O  I  F  I  C  I  D  N  I  U  Q  A
D  E  C  I  M  A  L  E  I  L  Q  S  C  H  I  S
Q  B  Z  D  D  D  D  Z  I  R  P  F  I  L  L  S
K  U  K  R  K  I  S  Z  D  U  E  W  D  O  P  E
E  C  A  O  T  D  C  D  T  S  J  D  E  H  E  T
G  Y  Q  T  R  R  P  I  P  E  E  R  S  F  R  T
G  Z  K  T  T  N  E  F  O  I  S  E  T  T  E  E
T  Y  Z  A  W  R  V  D  D  T  D  G  L  S  R  O
W  M  W  U  Z  K  O  Q  I  L  T  I  Q  X  Z  I
H  H  D  Q  M  J  N  S  T  C  B  O  N  J  B  L
C  I  N  Q  U  E  C  M  S  I  I  B  W  L  O  A
X  P  T  N  E  S  O  A  B  Z  Y  S  K  Y  R  W
```

CINQUE	QUATTORDICI
DECIMALE	QUATTRO
DIECI	QUINDICI
SEDICI	SEI
DICIASSETTE	SETTE
DICIOTTO	TREDICI
DUE	TRE
DODICI	UNO
NOVE	VENTI
OTTO	ZERO

21 - Física

```
N P A R T I C E L L A K F J D U
U O U D X I M X Q B S F C K S I
C C F R E Q U E N Z A O H A D À
L K A Z B G P I H Q U R I S M T
E O U O M G R P W C O M M O O I
A R H E S C P A U N M U I K W V
R W W I E A W S V P S L C G A I
E M O L E C O L A I I A O L L T
E L E T T R O N E G T M A S S A
R T R W W J M F Z J E À U Z H L
O U À T I C O L E V N P F U Q E
T D R Z S U T F Q J G S T I H R
O M T Y Q J A C I N A C C E M Y
M D E N S I T À G W M H G L L C
A C C E L E R A Z I O N E B C L
R U N I V E R S A L E G X Z R T
```

ACCELERAZIONE
ATOMO
CAOS
DENSITÀ
ELETTRONE
FORMULA
FREQUENZA
GAS
GRAVITÀ
MAGNETISMO

MASSA
MECCANICA
MOLECOLA
MOTORE
NUCLEARE
PARTICELLA
CHIMICO
RELATIVITÀ
UNIVERSALE
VELOCITÀ

22 - Especiarias

```
C Z R C A R D A M O M O P F F C
B U A L L E N N A C L R E X I O
O S R F X G Y H J S G A P W N R
X Q O R F A C I D O U M E I O I
C O Y B Y E P P F E S A O Q C A
G I K A X C R O S F T T B S C N
E P P W D M A A W Q O A C Z H D
O I C O J H M I N N K C H E I O
M S Q P L D N L G O A S G N O L
A L A O W L M G I O T O Y Z R O
R D N M P X A I I A K M C E I N
J B I S A L E N D Q S E D R M U
T J C S E C B A W L F C O O O Y
T R E D G T N V T A R O L I I D
C U M I N O A G L I O N C S C Y
L I Q U I R I Z I A Y O E B K A
```

ZAFFERANO   CIPOLLA
LIQUIRIZIA   CORIANDOLO
AGLIO   CUMINO
AMARO   DOLCE
ANICE   FINOCCHIO
ACIDO   ZENZERO
VANIGLIA   NOCE MOSCATA
CANNELLA   PEPE
CARDAMOMO   GUSTO
CURRY   SALE

23 - Países #1

```
N  E  G  I  T  T  O  M  Q  U  W  C  S  K  J  Q
I  C  F  B  I  P  F  N  A  N  G  A  P  S  O  K
C  A  I  J  R  A  T  E  I  R  U  M  M  F  Z  G
A  N  N  S  D  N  B  Y  G  R  O  D  A  U  C  E
R  A  L  Z  N  A  P  U  O  Q  E  C  O  Z  V  R
A  D  A  I  W  M  U  P  B  T  E  S  C  X  E  M
G  A  N  R  N  A  K  T  M  S  H  R  P  O  N  A
U  X  D  G  E  L  I  S  A  R  B  N  L  I  E  N
A  M  I  C  R  S  K  A  C  Q  P  O  Z  D  Z  I
L  Q  A  R  I  K  M  I  L  A  M  R  S  W  U  A
O  S  R  R  A  H  Q  N  S  Y  C  V  E  C  E  J
J  O  Y  T  W  F  H  O  F  P  O  E  N  W  L  S
T  N  I  S  R  A  E  L  E  C  T  G  E  T  A  O
Q  S  H  T  E  A  W  O  K  X  U  I  G  D  Z  E
A  E  Y  C  S  O  L  P  D  U  M  A  A  N  F  W
I  T  A  L  I  A  I  N  D  I  A  H  L  K  O  H
```

GERMANIA	ITALIA
BRASILE	INDIA
CAMBOGIA	MALI
CANADA	MAROCCO
EGITTO	NICARAGUA
ECUADOR	NORVEGIA
SPAGNA	PANAMA
FINLANDIA	POLONIA
IRAQ	SENEGAL
ISRAELE	VENEZUELA

24 - A Mídia

```
Y  G  N  I  W  I  E  C  O  L  Q  U  C  K  D  F
M  J  I  Q  R  N  D  O  C  O  G  J  O  X  I  I
Z  C  E  D  L  T  I  M  I  P  U  O  M  H  G  N
S  F  N  Z  W  E  Z  U  L  D  O  L  M  A  I  A
C  M  O  W  B  L  I  N  B  I  A  Z  E  T  T  N
J  R  I  T  U  L  O  I  B  N  I  R  R  T  A  Z
F  E  Z  Y  O  E  N  C  U  D  R  J  C  E  L  I
A  T  A  L  F  T  E  A  P  I  T  O  I  G  E  A
T  E  C  O  G  T  P  Z  G  V  S  N  A  G  M  M
T  B  U  P  U  U  F  I  I  I  U  L  L  I  C  E
I  U  D  N  E  A  N  O  O  D  D  I  E  A  N  N
I  F  E  B  O  L  Y  N  R  U  N  N  L  M  N  T
J  Z  B  S  Q  E  W  E  N  A  I  E  A  E  H  O
O  P  I  N  I  O  N  E  A  L  X  H  C  N  A  Q
E  N  O  I  S  I  V  E  L  E  T  F  O  T  J  F
C  Y  N  M  X  O  X  M  I  M  K  B  L  I  Y  D
```

ATTEGGIAMENTI
COMMERCIALE
COMUNICAZIONE
DIGITALE
EDIZIONE
EDUCAZIONE
FATTI
FINANZIAMENTO
FOTO
INDIVIDUALE

INDUSTRIA
INTELLETTUALE
GIORNALI
LOCALE
ONLINE
OPINIONE
PUBBLICO
RADIO
RETE
TELEVISIONE

25 - Casa

```
T  B  I  E  Q  I  O  T  L  H  U  G  D  S  G  S
D  T  O  N  I  D  R  A  I  G  J  O  N  K  J  O
K  E  O  Q  J  C  U  P  T  X  G  T  O  M  E  F
N  L  U  P  G  J  B  P  E  C  A  Q  R  B  P  F
P  O  R  T  A  L  I  E  N  A  R  E  M  A  C  I
T  I  S  L  I  C  N  T  D  M  S  I  D  P  S  T
B  L  P  O  C  W  E  O  E  I  H  P  L  O  F  T
O  I  E  O  C  I  T  T  A  N  P  W  Z  C  C  O
S  B  C  G  O  I  T  N  O  O  G  M  X  S  Y  X
R  O  C  H  D  N  O  I  C  I  C  U  C  I  N  A
X  M  H  O  I  A  X  C  P  H  L  X  P  S  G  F
F  Z  I  S  X  G  F  E  P  A  I  B  M  N  A  W
L  A  O  L  P  C  Y  R  R  F  R  A  I  G  R  J
F  I  N  E  S  T  R  A  M  U  M  E  V  B  A  I
Y  I  G  C  N  Q  L  A  N  J  R  I  T  I  G  J
E  W  N  H  B  L  N  M  R  R  I  Q  I  E  E  L
```

BIBLIOTECA	CAMINO
RECINTO	MOBILIO
CHIAVI	PARETE
DOCCIA	PORTA
TENDE	CAMERA
CUCINA	ATTICO
SPECCHIO	TAPPETO
GARAGE	SOFFITTO
FINESTRA	RUBINETTO
GIARDINO	SCOPA

26 - Vegetais

```
Z  N  I  D  U  W  X  N  A  K  Z  H  G  H  R  C
J  H  I  R  J  J  L  U  N  S  M  P  T  Q  Y  I
U  A  X  E  R  S  H  D  R  I  P  P  F  U  E  P
P  R  E  Z  Z  E  M  O  L  O  G  N  U  F  X  O
O  O  A  E  I  C  A  N  I  P  S  W  P  R  K  L
M  F  O  L  L  E  N  A  V  A  R  Q  T  B  O  L
U  O  Q  L  A  T  A  L  A  S  N  I  F  F  L  A
L  I  I  M  T  L  Z  F  A  P  K  T  T  B  O  G
S  C  A  L  O  G  N  O  N  A  D  E  S  Z  I  Z
U  R  C  P  R  W  A  L  L  Z  E  N  Z  E  R  O
M  A  C  B  A  K  L  O  M  L  P  A  T  A  T  A
K  C  U  W  C  R  E  C  U  E  E  P  J  O  E  O
K  W  Z  H  Y  G  M  C  N  B  U  S  Z  K  C  T
A  G  L  I  O  O  K  O  N  Q  M  U  I  Z  U  L
R  B  Z  M  U  S  W  R  Z  N  Y  P  I  P  J  X
A  I  L  K  W  T  B  B  P  O  M  O  D  O  R  O
```

ZUCCA	FUNGO
SEDANO	PISELLO
CARCIOFO	SPINACI
AGLIO	ZENZERO
PATATA	RAPA
MELANZANA	CETRIOLO
BROCCOLO	RAVANELLO
CIPOLLA	INSALATA
CAROTA	PREZZEMOLO
SCALOGNO	POMODORO

27 - Balé

```
M O P G B C P N N K U S À F X L
U R I D H Q S R O G A B T E S L
S C Q F N D J C A C S X I I O H
I H Z J Y T Y T B T A L L X L O
C E A K L R J I F J I Q I B O E
A S E R J Q H K K R A C B Y S C
B T S À T I S N E T N I A D S H
A R P G P I O C I L B B U P A S
L A R Z R T S R I T M O Y T D L
L P E G O B O T K B C I G A K H
E O S N V H I N I R E L L A B I
R Q S D A I Z T P C Z T X Y Q P
I T I P W O A K T E O G E S T O
N P V J L Q R A P P L A U S O C
A X O J J I G T E C N I C A A T
C O M P O S I T O R E Z M P U L
```

APPLAUSO
ARTISTICO
BALLERINA
COMPOSITORE
BALLERINI
PROVA
STILE
ESPRESSIVO
GESTO
GRAZIOSO

ABILITÀ
INTENSITÀ
MUSICA
ORCHESTRA
PRATICA
PUBBLICO
RITMO
ASSOLO
TECNICA

28 - Adjetivos #1

```
P W E M G Q U F O I M A A P K E
I K U S C Y G X N D I R S R K N
U K L Y O E U Q P E S O S E Q O
Q Y Y R C T P D R N T M O Z X R
Z X M J O N I L O T E A L I H M
S Z D G I A S C A I R T U O W E
Y P S Y H T C O O C I I T S A L
O P I A B R U Y L O O C O O T I
O N E S T O R N W H S O I F T T
N T T A K P O W P I O G R I R T
R E N I L M G R A N D E U H A O
E K A E X I Y L Y U G H F D E S
D C S U L I J S S Y P R S Y N N
O D E A R T I S T I C O A T T P
M A P P E R F E T T O U I V E E
G E N E R O S O D D T E B N E R
```

ASSOLUTO	ONESTO
AROMATICO	IDENTICO
ARTISTICO	IMPORTANTE
ATTRAENTE	LENTO
ENORME	MISTERIOSO
SCURO	MODERNO
ESOTICO	PERFETTO
SOTTILE	PESANTE
GENEROSO	GRAVE
GRANDE	PREZIOSO

29 - Psicologia

```
H  F  S  Z  I  C  M  A  W  B  M  B  P  V  P  E
M  X  U  L  N  O  C  I  N  I  L  C  E  A  E  G
O  H  B  F  S  M  J  Q  J  L  Z  I  R  L  N  O
X  S  C  Z  H  P  Y  U  G  O  N  N  C  U  S  S
I  N  O  I  Z  O  M  E  C  M  I  C  E  T  I  O
E  Z  N  E  I  R  E  P  S  E  N  O  Z  A  E  G
N  P  S  X  À  T  L  A  E  R  F  N  I  Z  R  N
O  R  C  I  O  A  K  L  A  P  A  S  O  I  I  I
I  O  I  A  Y  M  F  E  E  R  N  C  N  O  Q  C
Z  B  O  W  C  E  B  S  G  J  Z  I  E  N  C  G
A  L  U  D  U  N  N  I  T  X  I  O  R  E  B  J
S  E  E  S  P  T  G  Q  I  U  A  B  U  D  J  H
N  M  O  C  J  O  I  N  F  L  U  E  N  Z  E  B
E  A  U  C  P  E  R  S  O  N  A  L  I  T  À  H
S  A  P  P  U  N  T  A  M  E  N  T  O  X  K  L
C  O  N  F  L  I  T  T  O  T  E  R  A  P  I  A
```

VALUTAZIONE	INFLUENZE
CLINICO	PENSIERI
COMPORTAMENTO	PERCEZIONE
APPUNTAMENTO	PERSONALITÀ
CONFLITTO	PROBLEMA
EGO	REALTÀ
EMOZIONI	SENSAZIONE
ESPERIENZE	SOGNI
INCONSCIO	SUBCONSCIO
INFANZIA	TERAPIA

30 - Paisagens

```
E G I T T R Q G O N Z T I O P L
C B N E C P C H A I G U C Q O Z
I O R W E D L I N S G N E S I W
T N H B R P X A I J R D B V F W
C A S C A T A C L S L R E A I X
A E G H M T R C L D O A R L U I
F C N O U R W I O R B L G L M D
W O W W L K Q A C Y A H A E E R
M U K Z Q F R I N J G Z N D Z L
L G H W R F O O Y Q J W G U J X
M P E N I S O L A P X B A L S A
L D K R E Y J J S K A E T A J U
X A I G G A I P S E I D N P J O
K S G V U L C A N O G R O T T A
I C J O J M W W O J Z U M I E Q
U O A S I D E S E R T O T M N Q
```

CASCATA   MONTAGNA
GROTTA   OASI
COLLINA   OCEANO
DESERTO   PALUDE
GHIACCIAIO   PENISOLA
GOLFO   SPIAGGIA
ICEBERG   FIUME
ISOLA   TUNDRA
LAGO   VALLE
MARE   VULCANO

31 - Dança

```
N M O V I M E N T O F Q Y W J O
Q A C E J T L N W C U L T U R A
R C I A T Y A W O A R U T S O P
I C S Y T X N E N I W O A K P H
T A S D F I O O G F Z S U M M O
M D A Z P T I H A A E O A J D O
O E L E D R Z W P R S U M L B R
R M C L X S I A M G P A N E T O
P I P A T F D I O O R J R T M O
S A X R Y A A Y C E E M K R J D
J I Y U O P R O C R S U V A E R
G Z Q T N V T W A O S S I M L P
C A Q L Z O A H F C I I S K I L
L R W U Q O R F J L V C I W F Q
U G K C C U F U I N O A V K I B
Q P G I O I O S O C A H O O D R
```

ACCADEMIA	ESPRESSIVO
GIOIOSO	GRAZIA
ARTE	MOVIMENTO
CLASSICO	MUSICA
COREOGRAFIA	COMPAGNO
CORPO	POSTURA
CULTURA	RITMO
CULTURALE	SALTO
EMOZIONE	TRADIZIONALE
PROVA	VISIVO

32 - Nutrição

```
C O M M E S T I B I L E A L B M
C S D O U Q X P D Y K J P I L L
Z A S L A S W Z I A F S P Q W X
I O R A M A I Q E N A A E U F F
M T I B I O R X T I P L T I K E
P O H L O N A S A M M U I D X R
J S Z X E I R O L A C T T I U M
Y S L D T O D L Y T O E O P K E
D I Y G N G C R U I P D F M D N
X N Z K E A U H A V Y E K T K T
U A T Z I A N S À T I L A U Q A
M Z Z L R B M B T C I D G G D Z
T W P H T T D Q A O S E P C T I
N Y L P U B I L A N C I A T O O
I G N C N P R O T E I N E L N N
E J D I G E S T I O N E L J T E
```

AMARO
APPETITO
CALORIE
CARBOIDRATI
COMMESTIBILE
DIETA
DIGESTIONE
BILANCIATO
FERMENTAZIONE
LIQUIDI

SALSA
NUTRIENTE
PESO
PROTEINE
QUALITÀ
GUSTO
SANO
SALUTE
TOSSINA
VITAMINA

33 - Energia

```
H E R O L A C I D R O G E N O I
T L N W Z M A N I Z N E B T C N
Z O K Z J B R C D O O R M U A Q
A S M F J I B E M Q I O V R R U
E T R D K E U X N U C T E B B I
R L I N E N R Y F T N O N I O N
A J E E X T A X X F R M T N N A
E O W T J E N I X E G O O A I M
L L X J T C T L R C K O P D O E
C J E Y M R E D I E S E L I U N
U X U T R E O X H F D Y L F A T
N G Y X T R S N C O R E J S D O
K L W Q Y R B Q E T I C D W J P
Q J S N E P I J N O R Y K D Z B
E P M L M H I C T N P N O Q X H
B A T T E R I A O E K O P G P U
```

AMBIENTE
BATTERIA
CALORE
CARBONIO
CARBURANTE
DIESEL
ELETTRICO
ELETTRONE
ENTROPIA

FOTONE
BENZINA
IDROGENO
MOTORE
NUCLEARE
INQUINAMENTO
SOLE
TURBINA
VENTO

34 - Disciplinas Científicas

```
A  I  G  O  L  O  I  S  I  F  T  Z  B  I  X  Q
B  N  I  T  R  Z  Z  Q  N  T  E  K  O  M  Z  B
B  K  A  I  G  O  L  O  E  G  R  I  T  M  Z  I
A  Z  M  T  K  A  C  L  U  A  M  N  A  U  M  O
I  R  A  X  O  I  B  B  R  C  O  E  N  N  I  C
G  P  C  W  P  M  A  J  O  H  D  S  I  O  N  H
O  S  I  H  D  O  I  H  L  I  I  C  L  E  I
L  I  T  Z  E  N  G  A  O  M  N  O  A  O  R  M
O  C  S  O  M  O  O  W  G  I  A  L  O  G  A  I
R  O  I  O  C  R  L  S  I  C  M  O  M  I  L  C
O  L  U  L  Y  T  O  O  A  A  I  G  S  A  O  A
E  O  G  O  M  S  I  Z  G  C  C  I  K  N  G  S
T  G  N  G  G  A  C  Q  R  I  A  A  N  U  I  C
E  I  I  I  R  L  O  R  J  E  A  Q  H  C  A  P
M  A  L  A  B  X  S  B  I  O  L  O  G  I  A  R
K  Y  E  C  O  L  O  G  I  A  O  Q  J  R  C  H
```

ANATOMIA	IMMUNOLOGIA
ARCHEOLOGIA	LINGUISTICA
ASTRONOMIA	METEOROLOGIA
BIOLOGIA	MINERALOGIA
BIOCHIMICA	NEUROLOGIA
BOTANICA	PSICOLOGIA
KINESIOLOGIA	CHIMICA
ECOLOGIA	SOCIOLOGIA
FISIOLOGIA	TERMODINAMICA
GEOLOGIA	ZOOLOGIA

35 - Meditação

```
E C A Y H Z N T M S M Y E H P I
M O I L G E V S O L C E C D A N
O M L G S L K S V P H N N Q Z S
Z P A I K A I I I R I O A T Z E
I A F X T T K L M O A I M M E G
O S C H X N C E E S R Z B T L N
N S S I M E D N N P E N G C I A
I I C G S M C Z T E Z E N C T M
B O W H W U F I O T Z T X P N E
Q N X J M F M O H T A T B S E N
A E F E N I D U T I T A R G G T
B T W E N O I Z A V R E S S O I
O O P A C E R L Y A R U T S O P
A C C E T T A Z I O N E C A D F
N A T U R A P E N S I E R I X F
J U X A X N X N O N Q G T Y F D
```

ACCETTAZIONE
SVEGLIO
ATTENZIONE
GENTILEZZA
CHIAREZZA
COMPASSIONE
EMOZIONI
INSEGNAMENTI
GRATITUDINE
MENTALE

MENTE
MOVIMENTO
MUSICA
NATURA
OSSERVAZIONE
PACE
PENSIERI
PROSPETTIVA
POSTURA
SILENZIO

36 - Artes Visuais

```
A S L O R O V A L O P A C U R A R
R C E N O I Z I S O P M O C P R
C U H A V I T T E P S O R P L G
H L Z T T D W R C I U N Z L W I
I T A I L J U E A T S I T R A L
T U A T A L Q B N T U I T W R L
E R N A I C K Q N Q T X R C U A
T A S M F K I B E B K O L M T U
T H K L A N F M P R W W M I T W
U M U I R Q E X A C F R A D I S
R O C F G J D C O R E N M J P W
A K K K O K O Q E G E R U W L H
K W O T T E L L A V A C A J J M
G E S S O S T A M P I N O O W W
O K Y H F C R E A T I V I T À G
V E R N I C E L I X U T S F Z C
```

ARGILLA
ARCHITETTURA
ARTISTA
PENNA
CAVALLETTO
CERA
CERAMICA
COMPOSIZIONE
CREATIVITÀ
SCULTURA

STAMPINO
FILM
FOTOGRAFIA
GESSO
MATITA
CAPOLAVORO
PROSPETTIVA
PITTURA
RITRATTO
VERNICE

37 - Instrumentos Musicais

```
Q  A  L  A  S  Z  X  T  A  R  R  A  T  I  H  C
S  M  U  K  R  S  A  O  R  U  B  M  A  T  N  Q
Z  A  N  J  D  M  O  X  P  L  K  B  O  E  U  O
X  V  S  Z  T  U  O  X  A  I  A  F  H  J  A  P
L  I  R  S  L  E  U  N  Q  J  T  O  S  O  X  I
E  O  D  R  O  Z  O  N  I  L  O  D  N  A  M  A
C  L  M  C  G  F  E  I  O  C  X  Z  P  B  J  N
L  I  S  C  J  A  O  Y  R  C  A  X  B  M  U  O
A  N  I  Q  N  P  B  N  F  L  A  U  T  O  C  F
R  O  G  F  H  P  O  M  O  G  F  Z  H  R  F  O
I  K  O  B  A  N  J  O  I  C  Z  H  X  T  A  R
N  E  N  O  I  S  S  U  C  R  E  P  U  O  G  T
E  H  G  J  S  Y  E  S  T  K  A  A  C  Q  O  E
T  T  A  M  B  U  R  E  L  L  O  M  N  L  T  C
T  S  N  N  T  W  T  R  O  M  B  O  N  E  T  W
O  V  I  O  L  O  N  C  E  L  L  O  Z  L  O  C
```

MANDOLINO	TAMBURELLO
BANJO	PERCUSSIONE
CLARINETTO	PIANOFORTE
FAGOTTO	SASSOFONO
FLAUTO	TAMBURO
ARMONICA	TROMBONE
GONG	TROMBA
ARPA	CHITARRA
MARIMBA	VIOLINO
OBOE	VIOLONCELLO

38 - Adjetivos #2

```
S  N  D  K  L  D  W  E  C  K  O  H  L  J  D  S
E  I  E  Z  N  O  N  A  R  R  O  T  P  S  G  A
L  O  S  H  M  T  K  X  E  L  A  M  R  O  N  N
V  Q  C  K  E  A  N  O  A  X  F  A  S  S  G  O
A  E  R  C  Y  T  B  B  T  S  N  U  O  V  O  T
G  Y  I  J  A  O  A  O  I  A  X  B  J  K  W  T
G  B  T  D  Q  L  Y  I  V  L  L  P  K  K  N  U
I  W  T  R  F  M  D  G  O  A  M  N  U  P  J  I
O  N  I  K  N  I  T  O  C  T  L  A  X  R  N  C
U  H  V  K  W  I  P  A  E  O  U  T  K  Y  O  S
X  Y  O  C  I  T  N  E  T  U  A  U  F  I  B  A
O  R  G  O  G  L  I  O  S  O  L  R  A  K  Q  O
P  R  O  D  U  T  T  I  V  O  Q  A  M  J  N  K
E  L  E  G  A  N  T  E  I  C  G  L  O  X  R  X
F  O  R  T  E  U  R  Z  T  J  K  E  S  P  W  L
R  E  S  P  O  N  S  A  B  I  L  E  O  X  C  F
```

AUTENTICO	ORGOGLIOSO
CREATIVO	PRODUTTIVO
DESCRITTIVO	PURO
DOTATO	CALDO
ELEGANTE	RESPONSABILE
FAMOSO	SALATO
FORTE	SANO
NATURALE	ASCIUTTO
NORMALE	SELVAGGIO
NUOVO	

39 - Roupas

```
H E N O I L G A M X J S Z S C P
G L O Y C R S I N Y L Y H A A I
O U S D U W J F A D O M U N P G
Z I A N N O G S I C D A O D P I
Y B S N A E J N C I C X I A O A
M M J G T Q G M I A Z A N L T M
N E M W A I H K M R R F O I T A
Z R P P J N X J A U Q P L N O M
P G K M M I A Z C T W A A J T G
B E M C W Z G C T N C L T A I J
M X J T K L C M S I R Q N F B D
T I C A N A L L O C W Z A Q A P
Q G G T D C G T E N J U P F Q C
C A P P E L L O D H O Z W U X X
C Y C A M I C E T T A K L U I X
B R A C C I A L E T T O C C S P
```

GREMBIULE	GUANTI
CAMICETTA	CALZINI
PANTALONI	MODA
CAMICIA	PIGIAMA
CAPPOTTO	BRACCIALETTO
CAPPELLO	GONNA
CINTURA	SANDALI
COLLANA	SCARPA
GIACCA	MAGLIONE
JEANS	ABITO

40 - Herbalismo

```
N  I  T  A  G  S  O  K  B  D  B  G  W  M  C  Z
D  W  I  G  T  O  F  R  L  R  A  I  D  A  O  A
H  O  M  L  W  N  K  K  F  A  S  A  B  G  R  F
E  R  O  I  F  B  A  Y  C  G  I  R  E  G  I  F
E  J  L  O  F  U  H  I  K  O  L  D  N  I  A  E
P  Q  U  A  L  I  T  À  P  N  I  I  E  O  N  R
A  R  K  H  L  E  X  W  G  C  C  N  F  R  D  A
D  G  E  V  E  R  D  E  S  E  O  O  I  A  O  N
C  L  X  Z  D  C  W  Q  J  L  L  M  C  N  L  O
L  I  M  Q  Z  J  P  C  G  L  A  U  O  A  O  O
Q  O  Y  M  G  E  W  F  W  O  V  E  F  R  U  E
D  O  C  I  T  A  M  O  R  A  A  P  S  L  G  J
D  L  X  Q  L  O  Q  O  H  U  N  G  U  S  T  O
B  T  J  U  U  P  O  P  L  E  D  E  D  S  R  W
R  O  S  M  A  R  I  N  O  O  A  U  Y  F  F  K
F  I  N  O  C  C  H  I  O  H  J  C  F  X  S  I
```

ZAFFERANO	LAVANDA
ROSMARINO	BASILICO
AGLIO	MAGGIORANA
AROMATICO	PIANTA
BENEFICO	QUALITÀ
CORIANDOLO	GUSTO
DRAGONCELLO	PREZZEMOLO
FIORE	TIMO
FINOCCHIO	VERDE
GIARDINO	

41 - Arqueologia

```
P R D X A R E N U H O B S S O S
R I I R N Z B J N J X B I Q G W
O C S E T T K A C W X J F U G A
F E C L I D C D N I C E J A E K
E R E I C I I S T A V B O D T K
S C N Q H M A M L W L I M R T O
S A D U I R W T E M N I L A I T
O T E I T T S K B N J W S T W U
R O N A À H O S S A T H M I À I
E R T H A N N I H Z K I H O Y C
U E E E S P E R T O U I C O Q S
T O M B A Z Q Y Q I H X F A Z O
M I S T E R O B J P X J Z D T N
L Q C C H L C M M M D Z U O X O
F O S S I L E L G E R T I I I C
X X B E N O I Z A T U L A V O S
```

ANALISI
ANNI
ANTICHITÀ
VALUTAZIONE
CIVILTÀ
DISCENDENTE
SCONOSCIUTO
SQUADRA
ERA
ESPERTO

DIMENTICATO
FOSSILE
RICERCATORE
MISTERO
OGGETTI
OSSA
PROFESSORE
RELIQUIA
TEMPIO
TOMBA

42 - Esporte

```
T  L  C  C  O  Q  B  I  M  K  A  O  S  C  Y  P
G  A  H  A  S  S  O  A  S  N  M  B  P  I  L  R
F  B  H  A  P  A  M  Y  I  K  M  I  O  C  Y  R
X  K  B  O  D  A  T  E  L  T  A  E  R  L  A  A
S  A  L  U  T  E  C  I  O  M  R  T  T  I  S  B
A  Z  N  A  D  K  Z  I  C  N  G  T  I  S  K  I
G  N  I  H  C  T  E  R  T  S  O  I  V  M  N  L
C  E  O  A  F  K  F  F  N  À  R  V  O  O  N  O
C  T  D  C  T  H  G  G  L  T  P  O  P  R  O  C
N  S  S  I  M  E  T  A  B  O  L  I  C  O  J  S
T  I  W  S  E  N  U  T  R  I  Z  I  O  N  E  U
O  S  E  R  O  T  A  N  E  L  L  A  C  M  P  M
A  E  F  D  Y  B  A  Z  R  O  F  I  J  U  D  O
T  R  M  A  S  S  I  M  I  Z  Z  A  R  E  W  Q
J  O  G  G  I  N  G  D  I  H  Y  Q  E  D  E  N
R  L  B  K  I  R  C  F  J  U  H  S  B  H  Y  P
```

STRETCHING	MASSIMIZZARE
ATLETA	METABOLICO
CAPACITÀ	MUSCOLI
CICLISMO	NUTRIZIONE
CORPO	OBIETTIVO
DANZA	OSSA
DIETA	PROGRAMMA
SPORTIVO	RESISTENZA
FORZA	SALUTE
JOGGING	ALLENATORE

43 - Agronomia

```
H D E L I B I N E T S O S C F Z
I N Q U I N A M E N T O U S E C
S I S H Y W F T P R I J O C R Z
V E R D U R E J R R S T L I T M
R B D Q Q L D Z K N D C O E I D
S U T D C B H U G Y Y I O N L A
C E R P R O D U Z I O N E Z I M
A R M A O L T A Q O T Z T A Z W
C E E I L F H H C C T R N C Z O
Q N N S Z E T K E I T T A L A M
U E O O C I N A G R O A I C N O
A R I Q B I J E C E H M P Y T B
C G S T L K T S I S T E M I E L
P I O I A I F A A M B I E N T E
D A R A G R I C O L T U R A I L
D P E D F F K E C O L O G I A W
```

AGRICOLTURA	VERDURE
AMBIENTE	ORGANICO
ACQUA	PIANTE
SCIENZA	INQUINAMENTO
CRESCITA	PRODUZIONE
MALATTIE	RURALE
ECOLOGIA	SEMI
ENERGIA	SISTEMI
EROSIONE	SUOLO
FERTILIZZANTE	SOSTENIBILE

44 - Frutas

```
Z L M U M P Y T D O O D Y I C L
I N J Q C I E N O M I L Y I I A
M E L A S A W S B A N A N A L M
M O R A B U E C C I N I G L I P
A G C N F A H K P A O C L L E O
V N G I Q U C P C P C N W Z G N
O A C R F U O C J A E A B T I E
C M P A J F T N A P D R J B A D
A Y E T L M W Q B B I A I S B J
D J R T U U A C C O C I B L A C
O F A E U V A G Y Q O W Y S N L
O U W N Z T H U J P C I I L A Y
D X B J G N E R D Q C K H W N I
N S A F Z B K W L I O D W N A U
C N Y D S E B I E A H H D U S M
Y N A A N U T U Q J O H Q I F P
```

AVOCADO	KIWI
ANANAS	ARANCIA
MORA	LIMONE
BACCA	MELA
BANANA	PAPAIA
CILIEGIA	MANGO
NOCE DI COCCO	NETTARINA
ALBICOCCA	PERA
FICO	PESCA
LAMPONE	UVA

45 - Corpo Humano

```
I  X  N  H  W  O  T  I  M  O  G  F  H  O  N  E
H  W  K  A  L  L  E  C  S  A  M  Z  W  R  M  D
F  G  P  C  S  L  L  H  I  M  L  W  P  E  E  G
O  I  H  C  C  O  L  L  E  V  R  E  C  C  N  C
G  Z  A  O  D  C  E  O  A  T  S  E  T  C  T  A
X  E  L  B  I  I  P  E  U  G  N  A  S  H  O  V
T  L  L  R  M  Q  C  U  O  R  E  O  T  I  D  I
P  F  A  X  R  A  G  M  P  C  F  W  R  O  S  G
R  A  P  B  N  E  G  B  T  B  I  H  O  F  J  L
G  T  S  I  N  R  X  J  L  Z  M  C  X  T  L  I
F  B  Y  G  F  I  Z  G  Y  M  A  G  I  X  X  A
R  A  J  E  G  X  T  D  G  M  N  B  K  G  T  D
I  P  M  U  Q  L  W  C  L  O  O  D  X  N  R  Y
G  I  N  O  C  C  H  I  O  F  G  D  W  O  L  K
Y  D  P  R  P  L  J  S  Q  K  N  F  K  W  C  N
Y  R  R  X  E  Q  F  A  U  M  R  R  N  G  G  B
```

BOCCA	OCCHIO
TESTA	SPALLA
CERVELLO	ORECCHIO
CUORE	PELLE
GOMITO	GAMBA
DITO	COLLO
GINOCCHIO	MENTO
MASCELLA	SANGUE
MANO	FRONTE
NASO	CAVIGLIA

46 - Caminhada

```
Q G A P S O L E R J X S H M B E
R A N O I R Q F O J R E F F Y Y
H O I Y H E G U I D E L X I C M
X Y M O C O T M G U N V Q L S I
P C A R R A X R G M O A M I L C
N I L J A R M A E O I G G X P G
F B I U P E J O P N Z G Q Z X B
L A Y R T I J M M T A I B A G C
S T I V A L I G A A R O S H Z A
P M E L P G U T C G A U Q C A K
G E H H O O D S Z N P Q H D R I
E L S J R C W T A A E W A E U G
O C N A T S I S I A R P I M T U
C J G M N J H R J A P P A M A G
M E T E O T F Z E I U F R F N A
A I Q I A C E P P P H F Z B Z H
```

CAMPEGGIO
ANIMALI
ACQUA
STIVALI
STANCO
CLIMA
GUIDE
MAPPA
MONTAGNA
NATURA

PARCHI
PIETRE
SCOGLIERA
PERICOLI
PESANTE
PREPARAZIONE
SELVAGGIO
SOLE
METEO

47 - Biologia

```
X  K  J  I  D  E  B  W  W  N  U  C  N  F  F  P
Y  A  E  C  P  S  M  Z  C  L  E  G  E  X  O  R
N  P  E  R  X  I  S  B  I  B  A  A  U  P  T  O
X  R  N  O  V  R  E  N  R  U  Y  M  R  O  O  T
H  M  O  M  X  E  P  W  C  I  F  I  O  R  S  E
R  O  I  O  Z  T  H  M  E  F  O  Z  N  M  I  I
A  E  Z  S  O  T  L  E  O  J  E  N  E  O  N  N
G  N  A  O  N  A  T  U  R  A  L  E  E  N  T  A
S  O  T  M  D  B  W  E  E  X  I  N  U  E  E  I
S  I  U  A  C  X  P  N  F  N  T  E  G  N  S  M
I  Z  M  E  C  H  T  J  I  E  T  G  C  G  I  O
N  U  L  B  Q  Z  Y  H  M  U  E  A  G  G  B  T
A  L  U  F  I  S  U  O  M  R  R  L  U  Y  W  A
P  O  S  K  E  O  S  Q  A  L  U  L  L  E  C  N
S  V  Q  P  M  I  S  O  M  S  O  O  Q  C  M  A
I  E  Q  H  P  I  R  I  K  S  L  C  O  E  A  K
```

ANATOMIA	MAMMIFERO
BATTERI	MUTAZIONE
CELLULA	NATURALE
COLLAGENE	NERVO
CROMOSOMA	NEURONE
EMBRIONE	OSMOSI
ENZIMA	PROTEINA
EVOLUZIONE	RETTILE
FOTOSINTESI	SIMBIOSI
ORMONE	SINAPSI

48 - Beleza

```
P R O D O T T I B C M B F F I M
U J X Q G H L O Q O A X O R W H
T M E L L E P C S S S X R A O W
E I L O I C C I R M C Q B G R F
X N E L B K I N S E A T I R M Y
O G G C P J A E P T R R C A R Y
T W A I Z A R G E I A U I N Q W
T R N T O L I O C C Y C Z Z H
E X Z S S N M T C I W C I A L A
S L A C H I K O H L K O V B N K
S G E N P A L F I L D N R G T D
O K R G N R M I O M P I E W R T
R G O D A Z E P T P D C S A D K
U C L F Z N U N O S Q S S D S D
B Z O X S L T T A O A A F K P A
F F C M E E C E S F N F U H X C
```

ROSSETTO
RICCIOLI
FASCINO
COLORE
COSMETICI
ELEGANTE
ELEGANZA
SPECCHIO
STILISTA
FOTOGENICO

FRAGRANZA
GRAZIA
TRUCCO
OLI
PELLE
PRODOTTI
MASCARA
SERVIZI
FORBICI
SHAMPOO

49 - Filantropia

```
C S Z B A M B I N I O F T F Q M
F O N G O S I B Y A P N D B I I
I D N O F B T O A O R M E D V C
N T À T I N U M O C Z I D S I H
A I M M A R G O R P X S I P T F
N A X P L T M O T A C S R U T À
Z P B I A Ù N E V O I G B E J
A D A P M U Q I P E E O E B I N
G R U P P I B Y D W L N E L B U
N E D I F S T O R I A E Q I O M
G E N E R O S I T À B X R C Y A
M W T O C A R I T À O D F O J N
A M U I S U L I R W L D N U N I
X K H Q A R L N D A G Y Q G Y T
J I Z D Q U E N W Y A S M F G À
K C A B A E N P D I D T A I O M
```

CARITÀ
COMUNITÀ
CONTATTI
BAMBINI
SFIDE
FINANZA
FONDI
GENEROSITÀ
GLOBALE
GRUPPI

STORIA
ONESTÀ
UMANITÀ
GIOVENTÙ
MISSIONE
BISOGNO
OBIETTIVI
PERSONE
PROGRAMMI
PUBBLICO

50 - Ecologia

```
A Z N E V I V V A R P O S E E K
M F C Z L E L I B I N E T S O S
O Y K I S X G T B O C X W Y Y K
N W À T I S R E V I D J N E S Q
T K B M J F I À T E I R A V E Y
A N U A F L A C J A R U T A N Y
G D U X Z O R H C M Z P I T N H
N X E B C R I Q H I A I D H A P
E H L E D A S N Z L T S O S H A
L C A H N G O W A C T À N N H L
A P B B C I R A T N O L O V E U
R N O G I H S Y U M A R I N O D
U W L U B T E T N A I P M U K E
T S G U B E A W N O C C G Y W T
A L H C H K À T I N U M O C J B
N O R Y C O N R Y N X K R W O T
```

CLIMA   NATURA
COMUNITÀ   PALUDE
DIVERSITÀ   PIANTE
FAUNA   RISORSE
FLORA   SICCITÀ
GLOBALE   SOPRAVVIVENZA
HABITAT   SOSTENIBILE
MARINO   VARIETÀ
MONTAGNE   VEGETAZIONE
NATURALE   VOLONTARI

51 - Família

```
M A T E R N O E T O P I N A S C
A O L E P O E R O N I B M A B A
H E F L B F L D X R O U Z L R G
Y K M C E H P A G E R D A M P Z
H S D X M R S P G T I O I Z Y C
L M P X D G O F P A N L L I X A
I W F F U G P S P P F L G O C C
H I W K I H M M Q G A E I O G T
B C R W Z I A P T A N T F A M E
Y O U R I O N G I N Z A Z X K Y
S Q R G N C N F D T I R O M P N
B Q I H I G O D J E A F T A E N
F N P P B N N Q P N F P F R J J
H F R E M R O R Y A Y Q X I H A
U E O K A B I F S T T P L T A L
O B L Y B A G S Z O B C C O J O
```

ANTENATO
NONNA
BAMBINO
BAMBINI
MOGLIE
FIGLIA
INFANZIA
SORELLA
FRATELLO

MARITO
MATERNO
MADRE
NIPOTE
PADRE
PATERNO
CUGINO
ZIA
ZIO

52 - Férias #2

```
S Q S A Q T K O G K D K L F T P
H L P P V I S T O Z E Z G O P M
H Q F P I F R R O F S D Y T R S
O T R O P A S S A P T D K O E H
V L T I B D G S W D I X A T N P
J A W G A N J G Y D N D P R O Y
E S C G O E Y X I U A C P O T T
K M J A L T A Z G A Z Q A P A R
X Z N I N A W M B Y I O M O Z A
H R P V F Z M I I Z O K F R I S
X E O E U Q A Q S G N E S E O P
Y L Z D B N T M O P E L Z A N O
D B E O R E B I L O P M E T I R
M O N T A G N E A D U A G L L T
R I S T O R A N T E R A M R H O
T M U P H H A S T R A N I E R O
```

AEROPORTO	MONTAGNE
DESTINAZIONE	PASSAPORTO
STRANIERO	SPIAGGIA
VACANZA	PRENOTAZIONI
FOTO	RISTORANTE
HOTEL	TAXI
ISOLA	TENDA
TEMPO LIBERO	TRASPORTO
MAPPA	VIAGGIO
MARE	VISTO

53 - Edifícios

```
O  S  S  E  R  V  A  T  O  R  I  O  Q  M  T  H
A  S  C  U  O  L  A  S  Z  Z  A  K  J  B  E  Y
C  B  Z  U  L  B  X  T  L  C  T  K  W  B  A  A
O  A  O  T  N  E  M  A  T  R  A  P  P  A  T  G
L  E  T  O  H  G  H  D  W  M  J  N  N  N  R  S
L  A  D  N  E  T  Q  I  L  E  J  J  E  G  O  F
E  T  B  C  C  I  U  O  F  L  L  Q  Y  A  S  I
T  A  P  O  T  O  R  R  E  A  R  B  O  R  Q  E
S  I  M  I  R  M  X  W  Z  D  T  P  J  A  M  N
A  C  B  S  P  A  B  O  I  E  T  T  D  G  E  I
C  S  M  B  Y  M  T  Y  U  P  Y  I  O  E  S  L
I  A  R  B  R  S  U  O  L  S  R  L  E  R  G  E
R  B  T  Z  P  Z  S  S  R  O  W  N  D  L  I  B
A  M  E  N  I  C  H  K  E  I  Z  U  I  D  S  A
T  A  C  I  R  B  B  A  F  O  O  E  L  G  B  R
S  U  P  E  R  M  E  R  C  A  T  O  R  X  Q  F
```

APPARTAMENTO	OSPEDALE
CASTELLO	HOTEL
FIENILE	LABORATORIO
CINEMA	MUSEO
AMBASCIATA	OSSERVATORIO
SCUOLA	SUPERMERCATO
STADIO	TEATRO
FATTORIA	TENDA
FABBRICA	TORRE
GARAGE	

54 - Xadrez

```
P E R I M P A R A R E H O S K G
U R O F P D B N E R O S I F I I
L G K G Q U W R N E S P M I J O
A K R C Q Z N G K J R U M D G C
B A M Y B I U T M C O T R E L A
Q I E M S Y F Q I A C K E L T T
B G A R P M Q O O A N E G A S O
P E X N P A S S I V O T I N A R
L T F R C N M C R Y C S N O C E
K A G M G O M B A B B R A G R N
H R F P C D E W S W G E T A I O
W T W R I N Q E R W W G C I F I
Y S F R F X R O E N R O T D I P
P Z D I A N M S V N L L A B C M
G I O C O Z M F V N C E I C I A
Q M B Y P A P B A S X X R N O C
```

PER IMPARARE   PASSIVO
BIANCO   PUNTI
CAMPIONE   NERO
CONCORSO   REGINA
SFIDE   REGOLE
DIAGONALE   RE
STRATEGIA   SACRIFICIO
GIOCATORE   TEMPO
GIOCO   TORNEO
AVVERSARIO

55 - Aventura

```
E E N O I Z A G I V A N R X M J
N S N O P P O R T U N I T À Z X
O S C T C A S O V O U N W E R J
I O E U U F O G T L A R C N T D
Z R J H R S G I A N Q H H O C I
A P O Z D S I Y K M A I O I G J
N R O S I S I A H Y X T B Z P T
I E I M F I B O S F B W U A O C
T N R J F C P T N M Z S E R B S
S D A I I U U I D E O P O A A E
E E R H C R Y L E L L X B P L F
D N E P O E M O F L D C O E P P
U T N G L Z O S O L O C I R E P
A E I R T Z I N S F I D E P W O
S L T C À A Z I B E L L E Z Z A
A M I C I Q R A T T I V I T À U
```

GIOIA
AMICI
ATTIVITÀ
BELLEZZA
CASO
SFIDE
DESTINAZIONE
DIFFICOLTÀ
ENTUSIASMO
ESCURSIONE

INSOLITO
ITINERARIO
NATURA
NAVIGAZIONE
NUOVO
OPPORTUNITÀ
PERICOLOSO
PREPARAZIONE
SICUREZZA
SORPRENDENTE

56 - Floresta Tropical

```
M  D  D  L  D  M  N  T  J  U  C  C  E  L  L  I
H  A  S  O  P  R  A  V  V  I  V  E  N  Z  A  W
E  I  M  P  R  E  Z  I  O  S  O  I  Y  A  F  C
L  O  W  M  A  Q  O  R  X  N  F  W  A  G  S  L
S  G  À  T  I  S  R  E  V  I  D  X  I  T  R  I
B  P  Q  E  L  F  B  R  X  B  J  A  M  S  I  M
O  N  E  B  R  O  E  O  G  O  D  L  A  J  F  A
T  U  R  C  X  T  Z  R  A  N  F  I  B  I  U  M
A  V  P  M  I  T  S  U  I  E  I  R  N  T  G  U
N  O  N  I  T  E  U  A  R  G  W  A  Q  B  I  S
I  L  O  N  J  P  Q  T  C  I  N  E  P  G  O  C
C  E  M  S  G  S  J  S  R  D  J  A  L  K  D  H
O  H  Z  E  P  I  D  E  B  N  I  X  T  H  W  I
N  J  G  T  W  R  D  R  M  I  B  O  O  U  F  O
C  G  B  T  P  H  G  G  I  U  N  G  L  A  R  Y
W  G  N  I  C  O  M  U  N  I  T  À  A  B  S  A
```

ANFIBI
BOTANICO
CLIMA
COMUNITÀ
DIVERSITÀ
SPECIE
INDIGENO
INSETTI
MAMMIFERI
MUSCHIO

NATURA
NUVOLE
UCCELLI
RIFUGIO
RISPETTO
RESTAURO
GIUNGLA
SOPRAVVIVENZA
PREZIOSO

57 - Cidade

```
A J W Z J I A L R C J E W X Y S
E R G E C A I A I C A M R A F C
R I U R Y I L K W B L L S Q T U
O S S Y T R U B R W R L O M P O
P T Y N G E N O L A S E D Y P L
O O Q F E T G M I O O Z R T D A
R R A C E T O I L B I B R I M H
T A X W I E T P D B T D G S A O
O N F P O N C D G A F K A Y A T
L T L L C A E G I N E D K T T E
U E F N F P W M C C O M I T S L
M E R C A T O Z A A E W U E I X
S U P E R M E R C A T O C A R B
G A L L E R I A B U Y K P T O W
U N I V E R S I T À D O M R I S
T Q A D X K J J M U S E O O F R
```

AEROPORTO
BANCA
BIBLIOTECA
CINEMA
SCUOLA
STADIO
FARMACIA
FIORISTA
GALLERIA
HOTEL

ZOO
LIBRERIA
MERCATO
MUSEO
PANETTERIA
RISTORANTE
SALONE
SUPERMERCATO
TEATRO
UNIVERSITÀ

58 - Música

```
S Y N Z R F J W J R H G A Z A M
C T P Q B R Y N J E Q D Q C R U
R X R O P M E T F G Z C T O M S
N L I U E X N Z X I C B G I O I
B X L O M T I R Z S M Y B M N C
Y U Q C U E I Z W T I H L P I I
C G S I B T N C Q R C B G R A S
O C D R L N A T O A R A M O K T
R H G I A A Y S O Z O L N V G A
O Z E L Z T B J C I F L C V N M
O U Z H Z N I Y I O O A A I X M
S P O F W A F E S N N T N S L P
B H E L A C O V S E O A T A B C
Y E C R H G G S A C J A A R E Q
T I Y L A I D O L E M U R E U N
M U S I C A L E C I O U E A Q I
```

ALBUM
BALLATA
CANTARE
CANTANTE
CLASSICO
CORO
REGISTRAZIONE
ARMONIA
IMPROVVISARE
STRUMENTO

LIRICO
MELODIA
MICROFONO
MUSICALE
MUSICISTA
OPERA
POETICO
RITMO
TEMPO
VOCALE

59 - Matemática

```
C J Y S U S K I A B H Q O R E R
I A I R T E M O E G A P Z A O E
R P R K O L O G N A I R T G L T
C O E I R E M U N N H O L G T T
O L Q L T E D O T E K P Y I E A
N I U O E M J A Z L O L X O N N
F G A G M S E Q U A D R A T O G
E O Z N I I T T R M U P V I I O
R N I A R M N N I I B A O J Z L
E O O H E M E P R C K R L P A O
N K N K P E N G E E A A U C R O
Z Z E R L T O Z R D A L M Z F A
A M M O S R P P D J E L E G B U
B H Q M O I S W O R T E M A I D
X U K X X A E J C P W L Y U D U
A W A R A H H R D C Y O Q I I D
```

ARITMETICA
ANGOLI
CIRCONFERENZA
DECIMALE
DIAMETRO
EQUAZIONE
ESPONENTE
FRAZIONE
GEOMETRIA
NUMERI

PARALLELO
PERIMETRO
POLIGONO
QUADRATO
RAGGIO
RETTANGOLO
SIMMETRIA
SOMMA
TRIANGOLO
VOLUME

60 - Saúde e Bem Estar #1

```
M S A P R T P E L L E N N S B Q
E L T T O J R M R S C D E I F I
D U T E W S U A F J Q A C R L F
I U I R O L T F T R O I H E V Y
C Y V A S S O U N T W C I T E I
I G O P X T T Z R W A A J T N Q
N W S I H Z N R W A R M A A I P
A L O A N A E X R C I R E B D I
S F P E D C M T L I F A U N U B
S U K F Q M A O F N L F W W T C
X C C Q L R S R I I E C S Z I O
N I J P G E S M G L S J C F B Y
V I R U S C A O Q C S F K G A P
L D M H T X L N E P O N U E F M
M E D I C O I I A L T E Z Z A A
Q Y M O Z W R F R A T T U R A S
```

ALTEZZA
ATTIVO
BATTERI
CLINICA
MEDICO
FARMACIA
FAME
FRATTURA
ABITUDINE
ORMONI

MEDICINA
NERVI
OSSA
PELLE
POSTURA
RIFLESSO
RILASSAMENTO
TERAPIA
TRATTAMENTO
VIRUS

61 - Natureza

```
S  R  J  L  A  D  Z  F  Q  C  N  E  B  Y  C  P
E  L  O  V  U  N  S  A  O  R  W  D  R  H  P  Y
R  E  R  O  S  I  O  N  E  R  K  K  G  W  O  W
E  T  Z  H  T  R  K  R  J  I  E  M  D  C  I  S
N  B  R  W  Z  F  D  W  A  N  M  S  X  E  R  E
O  Q  M  O  F  H  O  C  I  T  R  A  T  P  P  Z
T  H  M  I  P  E  N  G  A  T  N  O  M  A  Q  U
R  J  D  G  A  I  G  X  L  X  N  E  B  B  I  A
E  Q  P  U  P  N  C  N  G  I  T  Z  Y  O  E  G
S  W  Q  F  I  K  H  A  O  U  A  F  I  U  M  E
E  I  O  I  G  G  A  V  L  E  S  M  X  P  Y  L
D  W  G  R  H  Z  A  Z  Z  E  L  L  E  B  N  F
V  I  T  A  L  E  D  I  N  A  M  I  C  O  O  K
W  A  N  I  M  A  L  I  U  C  D  P  U  X  W  Q
S  A  N  T  U  A  R  I  O  X  U  X  G  Q  Q  D
U  O  O  O  A  G  H  I  A  C  C  I  A  I  O  L
```

API	GHIACCIAIO
RIFUGIO	MONTAGNE
ANIMALI	NEBBIA
ARTICO	NUVOLE
BELLEZZA	FIUME
DESERTO	SANTUARIO
DINAMICO	SELVAGGIO
EROSIONE	SERENO
FORESTA	TROPICALE
FOGLIAME	VITALE

62 - Doença

```
A P A I T A P O R U E N K N K S
T L W H G P J I E R O U C G Z T
R F L M G P L R S P C Q C A O O
I I N E G O T A P O I S O D S B
N S H T R A À T I L T X N D S O
F S D U T G T I R M E J T O A C
I I P L E M I D A O N N A M B I
A N R A R X N E T N E X G I G P
M D R S A W U R O A G W I N Y R
M R L D P C M E R R R T O A R W
A O Y A I R M Y I E D P S L J P
Z M P Q A O I A O C E E O E F Z
I E D R T N G H H J F L B O C J
O W H B O I L O M B A R E O J P
N S O W L C O M O C D D N M L Y
E X M Q H O L L K T K Y J G Y E
```

ADDOMINALE
ALLERGIE
CONTAGIOSO
CUORE
CORPO
CRONICO
DEBOLE
GENETICO
EREDITARIO
IMMUNITÀ

INFIAMMAZIONE
LOMBARE
NEUROPATIA
OSSA
PATOGENI
POLMONARE
RESPIRATORIO
SALUTE
SINDROME
TERAPIA

63 - Aquecimento Global

```
M O P O P O L A Z I O N I P J P
E R U T A R E P M E T S W I K M
L A I R D C O N S E G U E N Z E
I K L G U N G U P Y C J C G L A
T N H F R I N O I Z A R E N E G
S V I L U P P O N R E V O G G S
C I D Y C R I S I F N C E J I C
A L N A S L H M I U O F L Y S I
X M I D T P L J G T I G A S L E
Q T T M U I R N A U Z W T O A N
D D A N A S U I B R N B N K Z Z
A R T I C O T G W O E H E Q I I
C L I B P F I R S N T W I E O A
Z Q B K O F Z S I N T W B Y N T
M R A I G R E N E A A L M T E O
A Q H I R A I S P H Z S A K P X
```

ORA
AMBIENTALE
ATTENZIONE
ARTICO
SCIENZIATO
CLIMA
CONSEGUENZE
CRISI
DATI
SVILUPPO

ENERGIA
FUTURO
GAS
GENERAZIONI
GOVERNO
HABITAT
INDUSTRIA
LEGISLAZIONE
POPOLAZIONI
TEMPERATURE

64 - Aviões

```
L  B  I  Q  J  M  C  I  Y  Z  F  A  P  C  I  T
U  O  I  G  G  A  P  I  U  Q  E  T  A  O  D  U
L  G  F  U  H  B  Y  D  E  X  J  T  L  S  R  R
A  V  V  E  N  T  U  R  A  L  Y  E  L  T  O  B
T  E  D  N  J  H  X  Q  P  J  O  R  O  R  G  O
O  U  Y  O  B  P  M  M  F  J  K  R  N  U  E  L
L  K  S  I  E  R  O  T  O  M  X  A  C  Z  N  E
I  X  R  Z  T  W  Q  R  N  C  I  G  I  I  O  N
P  N  L  E  N  T  A  G  E  K  D  G  N  O  L  Z
D  P  E  R  A  I  F  N  O  G  T  I  O  N  O  A
C  U  A  I  R  O  T  S  F  I  G  O  F  E  J  I
E  N  I  D  U  T  I  T  L  A  S  E  C  S  I  D
H  L  X  A  B  T  J  E  K  T  X  D  S  F  P  B
K  F  E  H  R  Y  L  R  H  J  P  Z  B  S  Z  N
M  I  G  P  A  R  I  A  Z  Z  E  T  L  A  A  P
G  Z  U  S  C  A  T  M  O  S  F  E  R  A  N  P
```

ALTITUDINE	DISCESA
ALTEZZA	DIREZIONE
ARIA	IDROGENO
ATTERRAGGIO	STORIA
ATMOSFERA	GONFIARE
AVVENTURA	MOTORE
PALLONCINO	PASSEGGERO
CIELO	PILOTA
CARBURANTE	EQUIPAGGIO
COSTRUZIONE	TURBOLENZA

65 - Tipos de Cabelo

```
L  S  L  N  Z  R  L  U  K  L  M  K  A  X  X  F
W  R  P  J  O  B  U  M  A  R  R  O  N  E  J  H
J  X  I  E  R  N  N  I  E  O  F  B  W  X  Y  P
I  U  N  L  S  K  G  O  I  L  O  I  C  C  I  R
A  O  K  M  U  S  O  N  T  C  D  A  T  M  I  S
Q  R  P  E  H  F  O  W  C  O  I  N  O  O  N  O
D  F  G  H  G  I  R  R  Q  L  C  C  N  R  T  T
S  S  I  E  N  K  E  M  E  O  U  O  D  B  R  T
Q  H  U  O  N  O  N  Q  C  R  L  V  U  I  E  I
S  P  Z  R  O  T  K  D  C  A  M  L  L  D  C  L
U  A  O  R  C  T  O  A  E  T  I  A  A  O  C  E
M  P  N  Y  F  U  I  J  R  O  O  C  T  D  I  A
I  O  X  O  F  I  G  F  T  J  F  K  O  N  A  E
I  N  E  X  G  C  I  R  I  C  C  I  O  O  T  R
G  S  F  J  E  S  R  L  U  F  S  N  D  I  O  W
E  H  E  C  Q  A  G  O  G  K  X  U  S  B  D  I
```

BIANCO	LUNGO
LUCIDO	MARRONE
RICCIOLI	ONDULATO
CALVO	ARGENTO
GRIGIO	NERO
COLORATO	SANO
RICCIO	ASCIUTTO
SOTTILE	MORBIDO
SPESSORE	INTRECCIATO
BIONDO	TRECCE

66 - Criatividade

```
G C W H X S Y À T I S N E T N I
I N V E N T I V O M N S À K I Q
F L U I D I T À I M U O T Z E W
A R T I S T I C O A R C I Q N L
E Z H B Y K Q I B G H D L S O Y
S P O N T A N E O I C M A E I F
A B I L I T À F M N T C T M Z V
T E N O I Z A S N E S U I O I J
D R A M M A T I C O G F V Z U M
N P I M P R E S S I O N E I T W
E S P R E S S I O N E R E O N I
S E N T I M E N T I U N F N I Y
P J N I F Y Z A Z Z E R A I H C
A U T E N T I C I T À C Q E P F
Q X I M M A G I N A Z I O N E J
I S P I R A Z I O N E K O A X F
```

ARTISTICO
AUTENTICITÀ
CHIAREZZA
DRAMMATICO
EMOZIONI
SPONTANEO
ESPRESSIONE
FLUIDITÀ
ABILITÀ
IMMAGINE

IMMAGINAZIONE
IMPRESSIONE
ISPIRAZIONE
INTENSITÀ
INTUIZIONE
INVENTIVO
SENSAZIONE
SENTIMENTI
VISIONI
VITALITÀ

67 - Dias e Meses

```
D F A R K T G Z U G N C J O Z F
O Z T C Z T O I R A D N E L A C
M N T D N I S I U T E U V I H H
E E O P A I W A T G H Z E U U T
N F Z V S A J Y C S N Z N Y Q R
I F O Y E E R B O T T O E L F J
C W E W M M T K D L I T R U Z F
A U Z A A T B T Y D R S D N D E
G E N N A I O R E Y O O Ì E I B
A L O A T T O O E M D G Z D C B
P U C M J G K O T A B A S Ì E R
R G G I O V E D Ì E B R T A M A
I L P T M E S E R U E U E N B I
L I L T M A R T E D Ì E P N R O
E O T E Y P E U D N W N A O E X
A S J S U H Q L U U K C G P Y N
```

APRILE	MESE
AGOSTO	NOVEMBRE
ANNO	OTTOBRE
CALENDARIO	GIOVEDÌ
DICEMBRE	SABATO
DOMENICA	LUNEDÌ
FEBBRAIO	SETTIMANA
GENNAIO	SETTEMBRE
LUGLIO	VENERDÌ
GIUGNO	MARTEDÌ

68 - Saúde e Bem Estar #2

```
I  Z  A  H  P  O  A  K  G  D  N  A  G  E  G  R
T  N  I  K  K  J  R  I  E  I  I  P  A  C  Z  E
W  J  F  L  W  Q  S  T  N  G  M  P  X  G  K  C
C  Q  L  E  J  Y  S  R  E  E  A  E  Y  E  X  U
J  M  J  E  Z  I  P  Q  T  S  S  T  M  N  A  P
J  U  S  Q  Q  I  Y  W  I  T  S  I  A  E  N  E
I  G  I  E  N  E  O  Q  C  I  A  T  F  R  A  R
R  I  P  O  L  W  Z  N  A  O  G  O  M  G  T  O
O  S  P  E  D  A  L  E  E  N  G  Q  A  I  O  M
O  I  K  D  F  B  P  M  N  E  I  G  L  A  M  U
E  L  R  B  I  W  C  N  O  M  O  N  A  S  I  M
B  X  M  A  L  E  J  O  W  K  W  F  T  H  A  O
O  B  P  E  S  O  T  B  R  B  C  T  T  S  T  R
A  I  G  R  E  L  L  A  Y  P  X  K  I  B  F  E
Z  V  I  T  A  M  I  N  A  J  O  B  A  Z  R  H
C  A  L  O  R  I  A  S  A  N  G  U  E  I  K  A
```

ALLERGIA	IGIENE
ANATOMIA	OSPEDALE
APPETITO	UMORE
CALORIA	INFEZIONE
CORPO	MASSAGGIO
DIETA	PESO
DIGESTIONE	RECUPERO
MALATTIA	SANGUE
ENERGIA	SANO
GENETICA	VITAMINA

69 - Geografia

```
K  K  M  I  S  O  L  A  D  A  P  N  C  J  C  F
Q  F  L  O  K  I  E  P  X  G  L  U  O  I  P  E
C  P  Q  X  N  L  B  P  F  M  Y  Z  N  S  P  N
H  H  K  Y  D  D  F  A  I  Z  C  U  T  P  U  I
E  Y  O  C  K  F  O  M  U  P  C  O  I  T  Q  D
H  Q  P  A  E  S  E  À  M  P  B  J  N  E  H  U
S  M  B  J  Z  E  E  T  E  J  C  K  E  R  W  T
P  B  T  F  O  W  X  T  N  W  P  Y  N  R  K  I
A  U  Z  T  D  T  S  I  H  A  J  N  T  I  I  T
P  Y  P  O  D  S  R  C  W  J  L  W  E  T  H  A
H  A  A  O  R  E  F  S  I  M  E  T  R  O  K  L
A  R  G  C  O  V  M  E  Q  O  F  L  A  R  J  B
C  T  M  E  N  O  I  G  E  R  L  B  M  I  J  I
N  N  Y  A  N  G  A  T  N  O  M  W  K  O  K  N
W  A  C  N  W  A  L  T  I  T  U  D  I  N  E  S
E  F  A  O  N  A  I  D  I  R  E  M  X  Z  U  P
```

ALTITUDINE	MONTAGNA
ATLANTE	MONDO
CITTÀ	NORD
CONTINENTE	OCEANO
EMISFERO	OVEST
ISOLA	PAESE
LATITUDINE	REGIONE
MAPPA	FIUME
MARE	SUD
MERIDIANO	TERRITORIO

70 - Antártica

```
R O F C O N S E R V A Z I O N E
I A B Q U A R U T A R E P M E T
C P E N I S O L A E N N G I T F
E R O C C I O S O N W O H N N I
R T I S I U I D G O P I I E E R
C O P D C S P U A I Z Z A R N R
A P Q G G I O G W Z U I C A I B
T O A Q H A E L H A P D C L T A
O G M G P I U N E R A E I I N I
R R B P I F A U T G O P O N O A
E A I G N A U C R I Y S L H C W
O F E L G R Q K C M F A C E G E
H I N G U G C O E I U I F H R L
C A T A I O A L Y O A N C Z T S
A F E E N E L A B P X I F O S X
R H X L I G Q Z U O Q J O J Q W
```

AMBIENTE
ACQUA
BAIA
BALENE
SCIENTIFICO
CONSERVAZIONE
CONTINENTE
SPEDIZIONE
GHIACCIAI
GHIACCIO

GEOGRAFIA
ISOLE
RICERCATORE
MIGRAZIONE
MINERALI
PENISOLA
PINGUINI
ROCCIOSO
TEMPERATURA
TOPOGRAFIA

71 - Flores

```
G N F I M G U W Z S E Y B O I T
I D M B N A I N O E P G H R S U
R M S I U S G G T G N B G C M L
A E S S G O T N L F U A A H P I
S L E C P R L O O I W F S I T P
O I U O C Y J Z O L O T P D K A
L P C D I L S W A R I K P E A N
E L Q X N Q L D A D N A V A L O
P U C M A E M A R G H E R I T A
A M R C O I L G O F I R T N K H
P E L I L L A A Y Z P G H E R L
A R F M A Z Z O C P E K Q D D Y
V I S H P E T A L O S I C R A N
E A E M I D F B U P C J R A S G
R G U I W D P W R U R W R G N F
O N I M O S L E G U T A Y U S S
```

MAZZO	MARGHERITA
CALENDULA	NARCISO
GARDENIA	ORCHIDEA
GIRASOLE	PAPAVERO
IBISCO	PEONIA
GELSOMINO	PETALO
LAVANDA	PLUMERIA
LILLA	ROSA
GIGLIO	TRIFOGLIO
MAGNOLIA	TULIPANO

72 - Fazenda #1

```
C G Q L R B U P L S M E Q B E C
O O T N I C E R C M L T E I W A
X S R S E I T N A A C N Q E U P
U I Y V Z B N X V I M A J J A R
L R M C O N I S A A D Z R B Q A
N B N Y N T T M L L M Z G Y M P
X A E F R D T K L E F I E N O O
C A M P O J V A O J M L O N C L
B S I Z J N I C G J B I A O L L
J P X F E K T A O S I T C P W O
W K U F J F E N H B J R C A E F
G R E G G E L E T G E E U C X W
U L Y M L D L S D S Z F M F S X
O S E L C Y O Y M I E L E G K Q
A G R I C O L T U R A F W T G J
A C Q U A H Y H H R K U C P F D
```

APE   RECINTO
AGRICOLTURA   CORVO
RISO   FIENO
ACQUA   FERTILIZZANTE
VITELLO   POLLO
ASINO   GATTO
CAPRA   MIELE
CAMPO   MAIALE
CAVALLO   GREGGE
CANE   MUCCA

73 - Livros

```
F P F H F I C B F H E R O T U A
C O W P R W N S S E E P C J W S
C P B K B E M V Y Y L K I L L E
A B C A Y E Q J E W F C G C Z R
A V V E N T U R A N S K A J O I
I Y P R C N D L F M T P R X T E
R H A O W A T U K T E I T X S N
O S G T Y V B J A D N D V B E A
T O I T P E L S R L O G A O T R
S A N E W L R T E P I O Y C N R
S I A L G I B L U H Z T E I O A
S S R F T R P X T I E T À R C T
L E T T E R A R I O L I I O T O
R O M A N Z O L W T L R T T O R
U P U Y N X M Y E Y O C K S H E
C A R A T T E R E C C S G G C G
```

AUTORE	LETTORE
AVVENTURA	LETTERARIO
COLLEZIONE	NARRATORE
CONTESTO	PAGINA
DUALITÀ	CARATTERE
SCRITTO	POESIA
EPICO	RILEVANTE
STORIA	ROMANZO
STORICO	SERIE
INVENTIVO	TRAGICO

74 - Chocolate

```
Z E E T N A D I S S O I T N A G
W D H I B M E C L O D Q H L R M
T J K T L O L R I C E T T A T Q
M S E D H R I W X E I W E L I I
N A S A S A Z C A L O R I E G P
E O N B N D I K T S G N S K I O
K T C G I B O A C A P F X A L R
R S H E I I S E S O T I C O N V
B U N X D A O G N J L U X T A E
G G X A N I R H F Q R D H I L R
X W W I A M C E T M O B L R E E
Q U A L I T À O H J A W Y E X X
Z U C C H E R O C X C M I F I H
Q N C J F I D I H C A R A E R Z
C A R A M E L L O W O E R R G F
I N G R E D I E N T E B C P O F
```

ZUCCHERO

AMARO

ARACHIDI

ANTIOSSIDANTE

AROMA

ARTIGIANALE

CACAO

CALORIE

CARAMELLO

NOCE DI COCCO

MANGIARE

DELIZIOSO

DOLCE

ESOTICO

PREFERITO

GUSTO

INGREDIENTE

POLVERE

QUALITÀ

RICETTA

75 - Governo

```
I  R  G  G  J  I  K  S  C  M  K  G  D  C  A  L
C  K  N  X  A  I  Z  I  T  S  U  I  G  I  S  I
F  K  Y  E  R  E  I  T  R  A  U  Q  N  T  E  B
C  A  P  O  E  G  G  E  L  B  T  X  A  T  L  E
L  O  W  X  N  C  I  V  I  L  E  O  Z  A  N  R
M  N  U  T  O  S  R  O  C  S  I  D  I  D  A  T
A  Z  N  A  I  L  G  A  U  G  U  B  O  I  Z  À
G  W  F  B  S  Q  U  M  O  P  Z  K  N  N  I  R
B  Z  H  P  S  S  O  M  O  O  Y  H  E  A  O  X
H  N  K  P  U  F  X  E  A  N  R  H  L  N  N  E
D  E  M  O  C  R  A  Z  I  A  U  X  X  Z  A  U
I  U  I  L  S  U  F  Q  Z  B  W  M  J  A  L  B
O  I  R  A  I  Z  I  D  U  I  G  E  E  K  E  E
A  Z  N  E  D  N  E  P  I  D  N  I  G  N  M  C
C  O  S  T  I  T  U  Z  I  O  N  E  L  R  T  O
P  O  L  I  T  I  C  A  S  I  M  B  O  L  O  O
```

CITTADINANZA	GIUDIZIARIO
CIVILE	GIUSTIZIA
COSTITUZIONE	LEGGE
DEMOCRAZIA	LIBERTÀ
DISCORSO	CAPO
DISCUSSIONE	MONUMENTO
QUARTIERE	NAZIONALE
STATO	NAZIONE
UGUAGLIANZA	POLITICA
INDIPENDENZA	SIMBOLO

76 - Jardinagem

```
M S A U Q C A U I Z S N U O E A
E C M M H O T E T T U R F F S S
G O H F S M G D K F Q S I K O T
G M B G G M O O A P O G D J T A
A P P I M E S U O L O G P L I G
H O P D H S G W W G J M L W C I
R S E R O T I N E T N O C I O O
F T Q Z O I B O T A N I C O A N
F I H T A B J E J R T A J Q C A
L Q O G À I T U B O E H M H S L
O R C R T L K Q H N W F A I X E
R O R N I E S I R Q T B Z W L I
E Y O H D R W D Q F E C Z X U C
A C P A I J E M A I L G O F T E
L I S S M R A C S J P T P X Q P
E E F W U G A T P G O W H A N S
```

ACQUA	FOGLIA
BOTANICO	FOGLIAME
MAZZO	TUBO
CLIMA	FRUTTETO
COMMESTIBILE	CONTENITORE
COMPOST	STAGIONALE
SPECIE	SEMI
ESOTICO	SUOLO
FIORIRE	SPORCO
FLOREALE	UMIDITÀ

77 - Profissões #2

```
C G D B J H N K U F P N K B L T
B I E I S N A T S I U G N I L A
D O N I Q O R I I C A X F B Z H
Z R T N E R O T A R T S U L L I
T N I V E R G R O H O Z Y I L I
A A S E S P O G X L L T G O U N
T L T N C J L T L P I Y R T I S
U I A T R S O D T B P H S E N E
A S L O S T I C M I B R S C G G
N T I R J C B S J Q P L O A E N
O A U E Z E R O T L O C I R G A
R I C E R C A T O R E Q A I N N
T F I L O S O F O K Z B I O E T
S A R H U F O T O G R A F O R E
A X K F M E D I C O X Y G W E W
C H I R U R G O Z O O L O G O C
```

AGRICOLTORE
ASTRONAUTA
BIBLIOTECARIO
BIOLOGO
CHIRURGO
DENTISTA
INGEGNERE
FILOSOFO
FOTOGRAFO
ILLUSTRATORE

INVENTORE
RICERCATORE
GIORNALISTA
LINGUISTA
MEDICO
PILOTA
PITTORE
INSEGNANTE
ZOOLOGO

78 - Café

```
D S A C B L E C Y L E F H U R M
Z N D P A Z G E A N I T T A M K
W Q M R Y K F M J F L A T T E A
Y U S H P M M P F F F I F J M R
P O D M A C I N A R E E Q M N O
K X E O D I U Q I L N A I G M M
C F E T N T A Z Z A I Y M N A A
H L H I A Q F B H Y G M O A A T
F B Z T V M T E F W I A O Y R H
B Y A S E N E N À T R R Y O B O
C H C O B G U S T O O F R L B U
B K R R A C B I E C Z R X A E X
N J B R X X A F I O Z O T L C Q
E C N A C Q U A R W E O S L Y L
R C R E M A R Z A G R J M F I O
O R E H C C U Z V X P Y U C E F
```

ZUCCHERO
AMARO
AROMA
ARROSTITO
ACQUA
BEVANDA
CAFFEINA
TAZZA
CREMA
FILTRO

LATTE
LIQUIDO
MATTINA
MACINARE
ORIGINE
PREZZO
NERO
GUSTO
VARIETÀ

79 - Negócios

```
F  I  N  A  N  Z  A  R  E  S  X  Y  R  M  O  Y
D  I  P  E  N  D  E  N  T  E  O  T  N  O  C  S
N  S  G  U  C  I  G  W  J  T  J  C  Y  U  H  P
C  O  Z  F  K  R  E  G  A  N  A  M  I  H  X  A
N  L  Z  F  G  Y  E  I  E  L  O  P  D  E  K  X
S  D  C  I  J  F  D  M  C  K  N  L  Q  N  T  K
F  I  Z  C  J  J  I  G  O  T  S  O  C  R  P  À
B  A  T  I  D  N  E  V  N  P  T  Y  N  E  A  O
I  R  B  O  F  K  H  D  O  R  A  T  U  L  A  V
L  E  P  B  H  W  B  M  M  O  S  E  X  G  N  Z
A  I  Q  L  R  S  J  R  I  F  S  C  Q  H  E  S
N  R  A  H  M  I  W  C  A  I  E  Q  A  U  G  R
C  R  H  S  F  Y  C  Q  Y  T  E  P  K  W  O  J
I  A  U  P  K  N  S  A  R  T  Q  H  M  T  Z  I
O  C  R  E  D  D  I  T  O  O  I  B  M  K  I  A
I  N  V  E  S  T  I  M  E  N  T  O  O  P  O  L
```

CARRIERA
COSTO
SCONTO
SOLDI
ECONOMIA
DIPENDENTE
SOCIETÀ
UFFICIO
FABBRICA
FINANZA

MANAGER
TASSE
INVESTIMENTO
NEGOZIO
PROFITTO
MERCE
VALUTA
BILANCIO
REDDITO
VENDITA

80 - Fazenda #2

```
T  R  A  T  T  O  R  E  M  N  P  G  E  G  G  A
P  B  X  S  Y  G  A  T  A  Z  W  R  G  S  S  N
D  E  M  T  K  Y  N  T  I  A  P  L  A  A  Q  I
M  L  C  T  A  U  A  A  S  J  O  B  Q  T  L  M
B  I  I  O  B  K  T  L  M  A  T  U  R  O  O  A
D  N  S  K  R  A  R  U  O  B  A  W  I  D  P  L
D  E  P  A  N  A  A  E  Q  J  G  A  R  M  X  I
P  I  F  R  U  T  T  A  E  R  R  C  R  J  X  Q
A  F  M  U  W  F  T  X  K  O  I  L  I  F  R  Z
S  P  T  D  A  S  I  E  Q  R  C  H  G  K  Z  L
T  G  T  R  F  L  E  L  D  Z  O  E  A  Z  L  N
O  L  L  E  N  G  A  Y  W  O  L  G  Z  T  L  R
R  W  Q  V  U  R  T  M  N  T  T  R  I  B  J  H
E  A  L  V  E  A  R  E  A  W  O  A  O  H  B  W
N  Z  Y  R  L  Y  Y  W  F  N  R  N  N  G  P  G
F  R  U  T  T  E  T  O  Y  I  E  O  E  O  T  Q
```

AGRICOLTORE
ANIMALI
FIENILE
ORZO
ALVEARE
AGNELLO
FRUTTA
IRRIGAZIONE
LATTE
LAMA

MATURO
MAIS
PECORA
PASTORE
ANATRA
FRUTTETO
PRATO
TRATTORE
GRANO
VERDURA

81 - Jardim

```
W  B  T  H  L  P  K  O  X  S  N  M  Q  B  R  C
X  C  P  W  E  B  H  K  Z  S  T  Z  A  P  T  E
D  M  A  O  U  U  M  C  Q  F  U  A  B  R  E  S
K  F  R  C  F  R  U  T  T  E  T  O  G  K  C  P
A  L  B  E  R  O  R  O  A  G  G  B  R  N  T  U
G  J  K  R  V  N  W  L  M  A  O  U  U  M  O  G
P  L  C  O  I  I  N  L  A  R  P  T  W  B  K  L
U  R  K  I  T  D  P  E  C  A  L  A  P  G  T  I
P  B  M  F  E  R  L  R  A  G  G  N  N  W  E  O
S  U  O  L  O  A  U  T  A  J  L  I  B  C  K  P
A  P  T  Z  P  I  O  S  G  T  A  W  Y  L  A  O
H  P  N  K  A  G  S  A  Z  N  O  G  I  P  M  R
G  I  I  P  Z  D  O  R  N  Z  D  A  A  J  M  T
B  S  C  C  T  R  A  M  P  O  L  I  N  O  M  I
L  W  E  T  P  K  T  E  R  R  A  Z  Z  A  J  C
K  T  R  H  W  U  M  E  C  A  Z  U  J  I  E  O
```

RASTRELLO	STAGNO
CESPUGLIO	AMACA
ALBERO	TUBO
PANCA	PALA
RECINTO	FRUTTETO
FIORE	SUOLO
GARAGE	TERRAZZA
ERBA	TRAMPOLINO
PRATO	PORTICO
GIARDINO	VITE

82 - Oceano

```
T S G I Y H P T B L H F S X S G
A D E A A O R B T Z W P Q J C R
R S Q L M B A L E N A Y U T O A
T P W L K B K C L T W J A L G N
A U W I M E E R A M O E L R L C
R G H U L L C R S S E N O U I H
U N Y G B K S A E I E D N A E I
G A Z N N X E C X T X A U O R O
A G T A X M P I A S T P P S A P
C O R A L L O R Y G H O T R A L
D E L F I N O T E M P E S T A O
S H I F Q F G S H Q G O Q C K P
K G W O N G C O X L J I R P S X
E L O B S I F J U Y B L T S P I
W A J Q A P F P Y Z A Z M Q Y W
R J M N O S S F B A R C A X O I
```

ALGHE
TONNO
BALENA
BARCA
GAMBERETTO
GRANCHIO
CORALLO
ANGUILLA
SPUGNA
DELFINO

MAREE
MEDUSA
OSTRICA
PESCE
POLPO
SCOGLIERA
SALE
TARTARUGA
TEMPESTA
SQUALO

83 - Profissões #1

```
G O C I L U A R D I Y O T Y E G
E D R A I M E R O T I D E A O W
O Q K H C E R E I L L E I O I G
L W Q L Q C E A Y J L U B M A Z
O A L A T S I C I S U M A P N A
G Y C J K K P A L J R G L B I U
O Z H K X J M R T S I D L A R I
A S T R O N O M O O A G E N A W
T X S P Y N P J B E R T R C M C
S I N F E R M I E R A E I H T E
I P S I C O L O G O X G N I I W
N A V V O C A T O M G D O E C E
A Z E X S Q O F A R G O T R A C
I A R T I S T A K Y Q Q C E A S
P S C I E N Z I A T O C K E H D
A M B A S C I A T O R E E U D R
```

AVVOCATO   AMBASCIATORE
ARTISTA   IDRAULICO
ASTRONOMO   INFERMIERA
BANCHIERE   GEOLOGO
POMPIERE   GIOIELLIERE
CACCIATORE   MARINAIO
CARTOGRAFO   MUSICISTA
SCIENZIATO   PIANISTA
BALLERINO   PSICOLOGO
EDITORE

84 - Força e Gravidade

```
U N I V E R S A L E I G F P M M
M E C C A N I C A A M R I R O A
G K N D X D Z L J A P O S O V G
S Z L M O S E E F K A E I P I N
E C B R A N H P O A T D C R M E
S K O C I M A N I D T E A I E T
P L P P B Z Z S M T O O H E N I
A R M V E N O I S S E R P T T S
N D E D E R P E S O K H Z À O M
S O T B I L T G K N D C D M T O
I R C D T S O A C E N T R O I N
O B N I E P T C O M N C P T R T
N I J J N K A A I I M N P X T P
E T S N A S S E N T Q Y Y Z T S
W A J B I E H Q I Z À C T X A A
L W N H P S L A S W A N L Q C W
```

ATTRITO	MECCANICA
CENTRO	MOVIMENTO
SCOPERTA	ORBITA
DINAMICO	PESO
DISTANZA	PIANETI
ASSE	PRESSIONE
ESPANSIONE	PROPRIETÀ
FISICA	VELOCITÀ
IMPATTO	TEMPO
MAGNETISMO	UNIVERSALE

85 - Abelhas

```
P  S  F  D  U  Y  B  P  R  Q  F  H  M  X  J  W
F  R  U  T  T  A  R  S  I  E  R  I  R  O  I  F
S  C  I  A  M  E  M  O  P  A  G  N  W  H  C  W
C  L  A  R  M  N  I  L  B  M  N  I  G  H  L  I
X  Z  S  E  G  F  E  E  K  E  K  T  N  U  N  Q
A  C  B  C  W  E  L  F  L  T  K  A  E  A  I  Y
K  R  B  C  I  I  E  B  À  S  R  T  E  C  N  O
O  D  G  O  C  U  S  N  T  I  S  I  G  M  M  Q
G  I  A  R  D  I  N  O  I  S  A  B  B  T  Y  U
P  O  L  L  I  N  E  G  S  O  Z  A  F  U  M  O
D  S  G  L  F  L  P  J  R  C  T  H  L  N  G  D
F  J  A  L  V  E  A  R  E  E  K  P  U  Y  U  F
P  I  U  G  Z  P  D  M  V  T  R  J  Z  S  X  Q
F  A  O  T  T  E  S  N  I  F  P  K  S  U  N  Y
R  L  C  R  Y  Y  U  E  D  P  D  R  W  A  Z  E
X  I  O  C  I  F  E  N  E  B  E  F  E  E  G  C
```

ALI
BENEFICO
CERA
ALVEARE
DIVERSITÀ
ECOSISTEMA
SCIAME
FIORIRE
FIORI
FRUTTA

FUMO
HABITAT
INSETTO
GIARDINO
MIELE
PIANTE
POLLINE
REGINA
SOLE

86 - Ciência

```
F I J E X B K Y I H Z M L U Z A
W I B N W E A M I L C E A Z K K
T Y S A R U T A N P U C B Y L G
U O X I L Q O N Y E Z O O W N Z
Y F A G C O M T A A O Y R M I K
O G E H G A O U R I U I A E L U
T W U G X K F A I I P O T T A F
A L Y H E T G Q G Y Y G O O R T
I T A D M O L E C O L E R D E Y
Z P P A R T I C E L L E I O N I
N R O M S I N A G R O K O T I H
E X À T I V A R G H E Y K E M G
I N X S E N O I Z U L O V E Q M
C D E L I S S O F C H I M I C O
S O W E N O I Z A V R E S S O Y
X A M A M G R O Z F F H I D Y T
```

ATOMO	LABORATORIO
SCIENZIATO	METODO
CLIMA	MINERALI
DATI	MOLECOLE
EVOLUZIONE	NATURA
FATTO	OSSERVAZIONE
FISICA	ORGANISMO
FOSSILE	PARTICELLE
GRAVITÀ	PIANTE
IPOTESI	CHIMICO

87 - Comida #1

```
Z F X D L U I P I O H J B W L D
M U R A P A D U C W J Q A Y W E
T A C C O C I B L A M U S Q P M
U L G C S E H R K U C E I L C U
D L E A H E C T O R T A L Y E B
I O R T R E A A L I X U I A D K
O P K B A T R Q J O C B C G S L
T I J D Z T A O N N O T O L U I
X C A R U A Q W Z A M Q Y I X M
K I N S A L A T A R I E E O C O
C A N N E L L A C T O D C I O N
C O Q D O O O Y B S Z U R X S E
S U C C O J G M N E C A R O T A
B P B D H N A Q Y N P K L T A S
D D N M D Z R T X I C A N I P S
G H T N N P F L Q M D D I J N O
```

ZUCCHERO
AGLIO
ARACHIDI
TONNO
TORTA
CANNELLA
CIPOLLA
CAROTA
ORZO
ALBICOCCA

SPINACI
LATTE
LIMONE
BASILICO
FRAGOLA
RAPA
SALE
INSALATA
MINESTRA
SUCCO

88 - Geometria

```
P L W Y L Y M P A R A L L E L O
F F C G A Z Z E T L A O W L S L
L N R U X O M M D O W L U O I O
X E L A T N O Z Z I R O H G M C
G W R G E G L Y D H A G P I M L
C M R W W P O E Z C K N S C E A
Q B Q B R D G I M R G A O A T C
S S M O Y I N C K E J I W R R K
E O R T E M A I D C U R Y T I S
G Z L P B E F F O P A T U X A I
M J R R J N I R U S T H M W J C
E S U R L S M E A M E G O N P I
N Z D P W I T P Q G O M A S S A
T Y G E P O N U G G R C U R V A
O E C I G N Y S H F I G U I R X
T W Z D B E N O I Z A U Q E E M
```

ALTEZZA
ANGOLO
CALCOLO
CERCHIO
CURVA
DIAMETRO
DIMENSIONE
EQUAZIONE
ORIZZONTALE

LOGICA
MASSA
MEDIANO
PARALLELO
SEGMENTO
SIMMETRIA
SUPERFICIE
TEORIA
TRIANGOLO

89 - Pássaros

```
S T R U Z Z O D U K N P O Z U I
N E O D R T V B U B T E N K H L
A Q S X E U O L L O P L U F P A
E N O R I A U N U H Q L X G O G
N O A C W E N O I C C I P D M Y
Y C Z T W O L U C U C C Z Y C W
A A I R R N O L L A G A P P A P
N Q G Z I A R C B P E N O V A P
G D U I X I E A A O P O I P T J
O Y N I M B S N C I G N O P U N
C G L H L B S A E X I E A J C R
I E C F H A A R P Q G O L B A S
C C B O G G P I Q M W U M S N D
G L K D Z I L N R K J Z M K O J
E B A G N D W O N X M B E W Y Q
E R Z F F E N I C O T T E R O B
```

STRUZZO
AQUILA
CANARINO
CICOGNA
CIGNO
CUCULO
FENICOTTERO
POLLO
GABBIANO
OCA

AIRONE
UOVO
PAPPAGALLO
PASSERO
ANATRA
PAVONE
PELLICANO
PINGUINO
PICCIONE
TUCANO

90 - Literatura

```
Q B G M N C A I F A R G O I B N
I C N X N O T N O R F N O C I A
G T U Y G I H X E R O T U A A R
A N A L O G I A I D E G A R T R
M M R O M A N Z O Z D O D Y U A
E K I H O A M P Z S X O F E C T
T I L R M E T A F O R A T T O O
D E S C R I Z I O N E P B O N R
W O D C X H K D M J B K M W C E
A N A L I S I I T S T N N F L N
I G F O Z F N A I J T P S J U O
S M Y U P U S L R U G I D A S I
E A B K M F U O E O T Z L D I Z
O L O Z K U J G B Q S H O E O N
P D C N Q T D O C S O F Y N N I
O P I N I O N E F D W M J C E F
```

ANALOGIA
ANALISI
ANEDDOTO
AUTORE
BIOGRAFIA
CONFRONTO
CONCLUSIONE
DESCRIZIONE
DIALOGO
STILE

FINZIONE
METAFORA
NARRATORE
OPINIONE
POESIA
RIMA
RITMO
ROMANZO
TEMA
TRAGEDIA

91 - Química

```
E A L O C E L O M Z L K H I S L
N I C N G M B P P U J X F S G I
Z K S I X E N O R T T E L E I Q
I T F L D R J N S Y Z N L X Q U
M E Q A N O S E P E R O L A C I
A L X C U T X G I I C I H G S D
B E O L C A Z O O G C L O R O O
H M R A L Z A R C Q A Y I T N E
C E G Q E Z E D W B J S N H E N
N N A A A I Y I D U H L O E G K
R T N O R L D H B M E D B G I P
P I I T E A Y X F D U O R Q S J
Q I C C Z T J B S R P K A B S M
B G O S S A Z H N F W N C L O Z
R O Z C C C W A E D S X G M T Q
T E M P E R A T U R A A S X O Z
```

ALCALINO
ACIDO
CALORE
CARBONIO
CATALIZZATORE
CLORO
ELEMENTI
ELETTRONE
ENZIMA
GAS

IDROGENO
IONE
LIQUIDO
MOLECOLA
NUCLEARE
ORGANICO
OSSIGENO
PESO
SALE
TEMPERATURA

92 - Clima

```
Q U D Y D U O X I P Y T U A R G
P G H I A C C I O N A G A R U J
M L Z Y H R G N H J Z A O C W A
L H B B P C U G X S Z O N O U T
S I C C I T À T E X E L B B U M
P C L I M A O D A N R O T A I O
O A V T P O P R U R B U W L T S
L S E R G S C A T S E P M E T F
A C N O N E B B I A N P G N R E
R I T P N I G X U A I C M O Y R
E U O I U U S C O N M E I E A A
R T I C Q H B T C W L M M E T E
Z T H A U G L E S N U C I X L Y
B O G L N M N K A Z F T A F C O
H G X E N O S N O M C J D W O M
Y A R T O H M A B M O N I H F Z
```

ARCOBALENO
ATMOSFERA
BREZZA
CIELO
CLIMA
URAGANO
GHIACCIO
MONSONE
NEBBIA
NUBE

POLARE
FULMINE
SICCITÀ
ASCIUTTO
TEMPERATURA
TEMPESTA
TORNADO
TROPICALE
TUONO
VENTO

93 - Arte

```
R  S  E  M  P  L  I  C  E  D  O  P  C  S  I  R
C  I  T  N  I  P  I  D  S  X  R  E  O  H  S  R
E  O  T  S  E  N  O  X  L  S  I  R  M  E  P  Y
R  R  F  R  O  V  I  S  I  V  G  S  P  S  I  Q
A  B  O  U  A  G  K  M  O  K  I  O  L  P  R  S
M  A  L  M  R  R  G  N  L  D  N  N  E  R  A  U
I  F  O  D  U  Y  R  E  R  S  A  A  S  E  T  R
C  A  B  Q  G  R  G  E  T  B  L  L  S  S  O  R
A  U  M  O  I  J  Z  R  G  T  E  E  O  S  X  E
Y  P  I  S  F  R  H  A  Z  R  O  N  K  I  F  A
P  N  S  R  K  U  U  E  T  A  H  A  W  O  P  L
F  X  Z  P  S  A  E  R  R  W  O  X  L  N  Q  I
K  X  I  Q  E  M  L  C  S  K  K  D  W  E  L  S
P  O  E  S  I  A  S  C  U  L  T  U  R  A  I  M
A  C  O  M  P  O  S  I  Z  I  O  N  E  E  U  O
Y  G  Y  U  N  J  X  N  Q  R  M  N  K  X  S  Y
```

CERAMICA	ORIGINALE
COMPLESSO	PERSONALE
COMPOSIZIONE	DIPINTI
CREARE	POESIA
SCULTURA	RITRARRE
ESPRESSIONE	SEMPLICE
FIGURA	SIMBOLO
ONESTO	SOGGETTO
UMORE	SURREALISMO
ISPIRATO	VISIVO

94 - Diplomacia

```
J F G U F B U S Q O W C L A I M
N E W I Z F H U O N R E V O G Y
S L U Y U E R E I L G I S N O C
A T A I C S A B M A U N L T O S
X O M T M N T D H W N Z K D G H
E À U P E A C I O D Z O I F K P
C T P I X P L E Z U D H J O Y I
I I I E K L X K M I X O G T N K
T N W C U M N Q A A A O A T T E
T U R P A P O L I T I C A I R U
A M D I S C U S S I O N E L A G
D O I R A T I N A M U W P F T N
I C I N T E G R I T À N F N T I
N R I S O L U Z I O N E B O A L
I C O O P E R A Z I O N E C T Q
A M B A S C I A T O R E S Y O B
```

CITTADINI
COMUNITÀ
CONFLITTO
CONSIGLIERE
COOPERAZIONE
DISCUSSIONE
AMBASCIATA
AMBASCIATORE
ETICA

GOVERNO
UMANITARIO
INTEGRITÀ
GIUSTIZIA
LINGUE
POLITICA
RISOLUZIONE
SOLUZIONE
TRATTATO

95 - Comida # 2

```
U C F B P Z J H R C U Z F T Y C
O M R A G O R Y E A A G C Q O I
V I O N B P L Y Z R M Q T W G O
O S Z A H S K L Y C L M S H U C
X Y P N A S I E O I A B R O R C
J X L A N L F T G O N A R G T O
P O M O D O R O K F A C V F P L
J L I F L S J F B O Z S A U K A
K B D G T I W I K P N C J N U T
M E L A G R K P N S A B G G J O
T C M C A A I G E I L I C O X M
R S N N M L M N S Y E G D M O Z
X E C Y R E H R O H M W Y K I B
L P B H S S D M O L O C C O R B
U M A N D O R L A F N G I X F J
P R O S C I U T T O C F Z J E P
```

CARCIOFO
MANDORLA
RISO
BANANA
MELANZANA
BROCCOLO
CILIEGIA
CIOCCOLATO
FUNGO
POLLO

YOGURT
KIWI
MELA
UOVO
PESCE
PROSCIUTTO
FORMAGGIO
POMODORO
GRANO
UVA

96 - Universo

```
T E L E S C O P I O A D S C R C
K L Z E O N M W J L S A O O E K
T I O J R M O E E X T S L I N K
E B D Z I S N W F T R T A K I Z
S I I S Z K O K O U O E R N D R
O S A W Z O R R Q H N R E F U O
L I C A O A T I B R O O W F T L
E V O I N E S C L P M I P B I M
I Q Z S T E A S U T I D S R T O
C C U S E F L Y R C A E H Z A Z
N O E A R E F S O M T A P Q L Y
Y L A L T L O N G I T U D I N E
Q Z F A E O C I M S O C J H S S
E X R G G S R S O L S T I Z I O
D B W O R Q T E E M I S F E R O
A M M Y Q X M E B H T Y A K G H
```

ASTEROIDE	ORIZZONTE
ASTRONOMIA	LATITUDINE
ASTRONOMO	LONGITUDINE
ATMOSFERA	LUNA
CELESTE	ORBITA
CIELO	SOLARE
COSMICO	SOLSTIZIO
EQUATORE	TELESCOPIO
GALASSIA	VISIBILE
EMISFERO	ZODIACO

97 - Jazz

```
J I A P X Z S A I R E T T A B M
O F I L Y J C K R O N X Q F Y U
W C P O B P I N O T N E L A T S
P I T D E U O C W R I S O K E I
O Q E L R X M L M E Z S I C C C
P R E F E R I T I C N A T M N A
I Z N I N F L U E N Z E G A I F
P K O C E N O X I O N E Z E C A
E F Z F G B O I H C C E V S A M
Z E N O I Z I S O P M O C S Z O
A Z A R T S E H C R O V L C U S
T K C C I S A F N E Q O A P Q O
Q A A Y M T N Y Z L K U X P R P
Q B G N K D M S H Z K N B U Z R
Z B C R T D G O P S T I L E B X
C O M P O S I T O R E S M S I T
```

ARTISTA	PREFERITI
ALBUM	GENERE
BATTERIA	INFLUENZE
CANZONE	MUSICA
COMPOSIZIONE	NUOVO
COMPOSITORE	ORCHESTRA
CONCERTO	RITMO
STILE	TALENTO
ENFASI	TECNICA
FAMOSO	VECCHIO

98 - Barcos

```
C R W B R G D K B Z M N K N W B
B C L M E P K W O K O G A L G G
J F I Z Q Y E K A G T O R B P D
T Q D W U O N A E C O N O B F M
R Y U N I U T Y R Y R D C J F L
A A P B P O N A A G E E N Z O I
G U T S A C M K M T Y F A E C I
H P L K G I O R E B L A I M C J
E Y R T G T I R Q G N H P U K I
T C A O I U A A D X A D G Q M A
T A S C O A N L O A J P A K F E
O N C Z H N I W U P W G Y D R R
R O R M Q T R L N E Z K T A P A
H A R E T T A Z F E N P J F W M
M T I D E I M E C X R B W Z C Y
D X U W Y L J M F D O C K B Y Y
```

ANCORA
TRAGHETTO
BOA
KAYAK
CANOA
CORDA
DOCK
YACHT
ZATTERA
LAGO

MARE
MAREA
MARINAIO
ALBERO
MOTORE
NAUTICO
OCEANO
ONDE
FIUME
EQUIPAGGIO

99 - Mamíferos

```
C H H F Y G O X B O L L A V A C
E A L L I R O G O Y E T O Y O C
V F N X I I P Q T H O A C I L X
O F S G J L U D E T N A F E L E
L A S Y U J L K A T E R B N E N
P R M M M R I Y Y Y P O B A M K
E I K D X J O T T A G C M C M O
G G L W F E J T Q O O E R J A N
C Y P G C A R B E Z R P N Y C Y
B F Q C O N I G L I O J C E Y C
B A X Y U Y J M O D T D T Q M Z
C P L B Z M L T M K S H Z R N F
G D R E F X D O S I A G T N J K
B K R U N E M E N F C S M M Q F
X G C O D A E I N F C S F P N K
T O R O Q X M G D E L F I N O K
```

BALENA	GIRAFFA
CAMMELLO	DELFINO
CANGURO	GORILLA
CASTORO	LEONE
CAVALLO	LUPO
CANE	SCIMMIA
CONIGLIO	PECORA
COYOTE	VOLPE
ELEFANTE	TORO
GATTO	ZEBRA

100 - Atividades e Lazer

```
X  H  O  B  B  Y  C  N  F  S  V  G  T  O  S  X
G  D  P  E  S  C  A  J  Y  D  I  I  E  H  G  D
L  Y  D  H  F  N  Q  I  Q  Q  A  A  N  K  A  J
E  R  E  U  E  A  T  W  I  H  G  R  N  K  P  T
P  A  L  L  A  V  O  L  O  U  G  D  I  N  I  H
R  I  L  A  S  S  A  N  T  E  I  I  S  Q  T  X
K  N  L  G  B  C  I  T  E  N  O  N  B  Z  T  L
U  O  A  H  O  O  N  M  K  O  I  A  G  X  U  U
Z  I  B  S  M  L  X  T  S  I  G  G  C  N  R  P
G  S  E  S  E  S  F  E  A  S  G  G  O  G  A  B
D  R  S  S  A  R  T  E  B  R  E  I  I  W  G  C
I  U  A  C  U  J  Q  H  Z  E  P  O  T  O  U  N
X  C  B  F  A  R  U  S  X  M  M  U  E  W  G  Z
Z  S  R  Z  Z  U  F  Z  D  M  A  K  Z  R  P  B
C  E  Z  N  Y  M  B  Z  O  I  C  L  A  C  K  U
D  D  G  H  P  U  A  R  Y  I  O  N  A  H  H  K
```

CAMPEGGIO   IMMERSIONE
ARTE   NUOTO
BASKET   PESCA
BASEBALL   PITTURA
BOXE   RILASSANTE
ESCURSIONI   SURF
CALCIO   TENNIS
GOLF   VIAGGIO
HOBBY   PALLAVOLO
GIARDINAGGIO

1 - Dirigindo

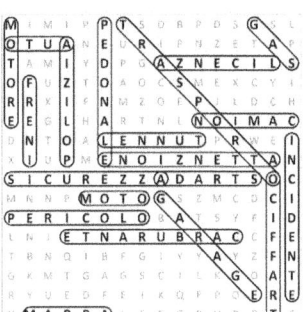

2 - Antiguidades

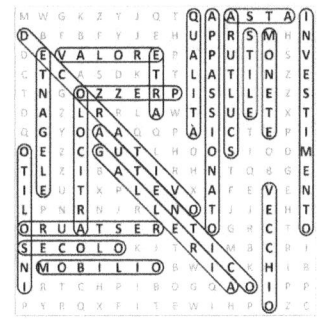

3 - Churrascos

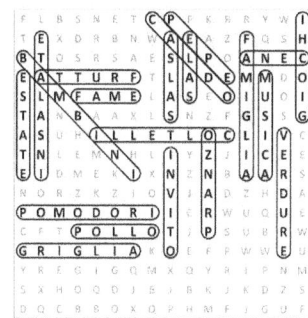

4 - Geologia

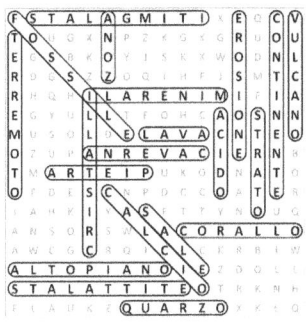

5 - Ética

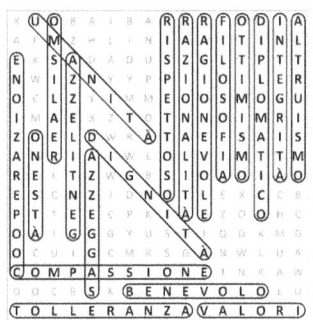

6 - Tempo

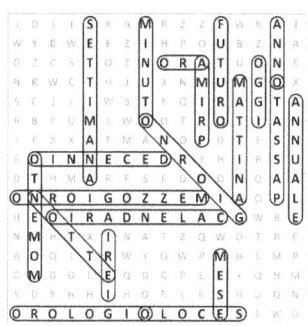

7 - Astronomia

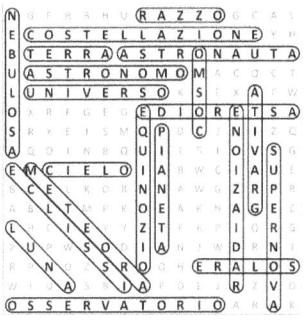

8 - Acampamento

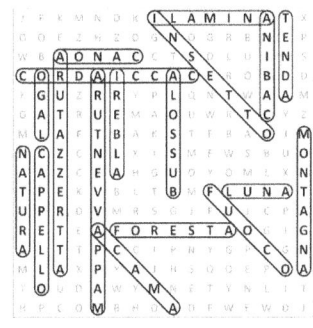

9 - Ficção Científica

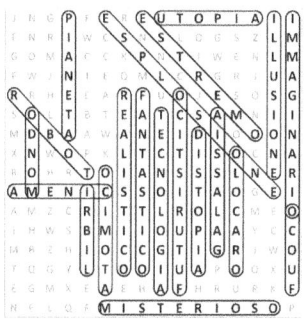

10 - Mitologia

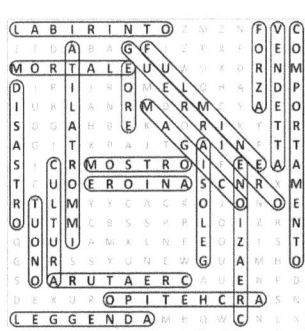

11 - Medições

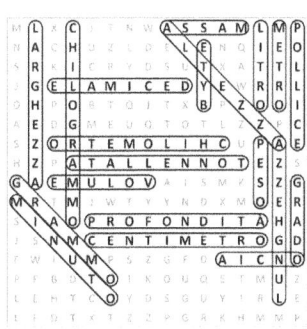

12 - Álgebra

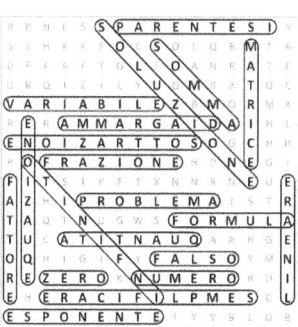

13 - Plantas

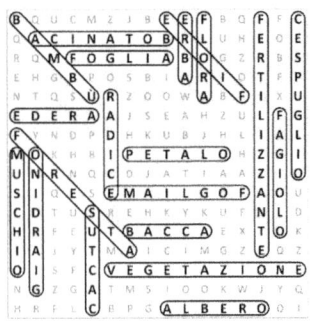

14 - Veículos

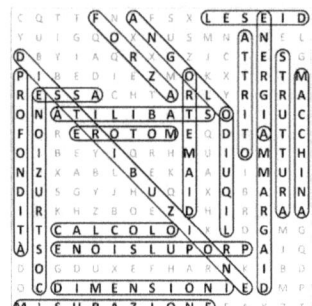

15 - Engenharia

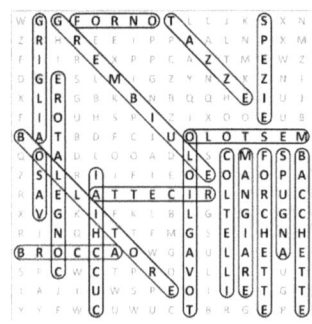

16 - Restaurante # 2

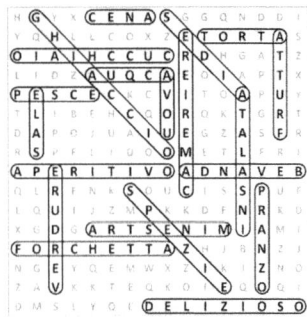

17 - Países #2

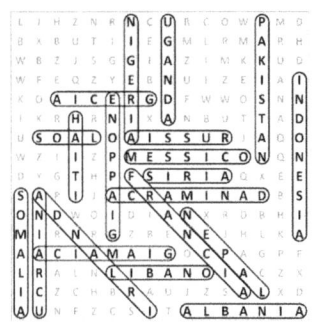

18 - Cozinha

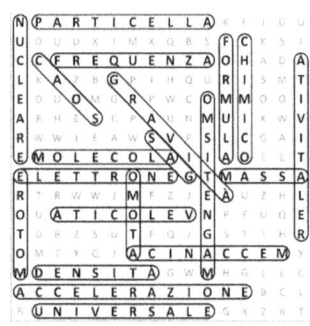

19 - Material de Arte

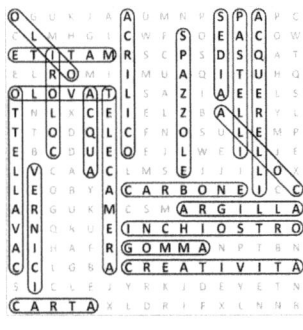

20 - Números

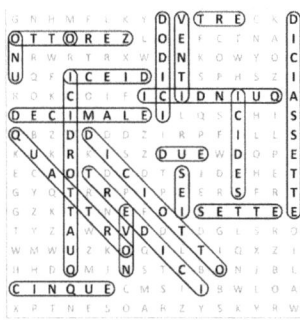

21 - Física

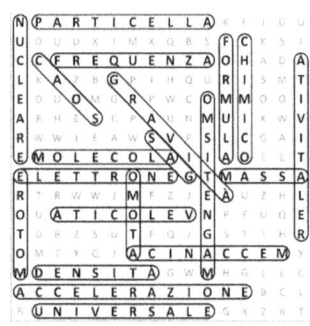

22 - Especiarias

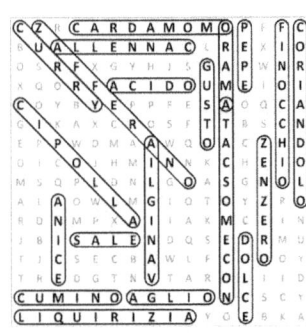

23 - Países #1

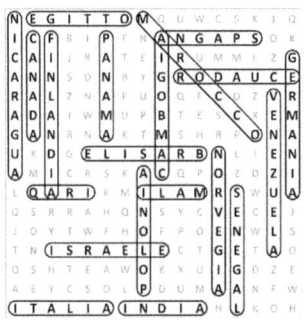

24 - A Mídia

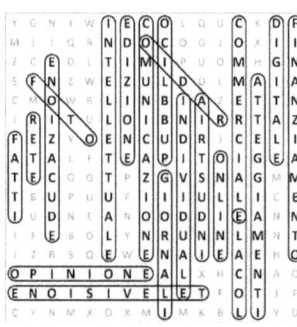

25 - Casa

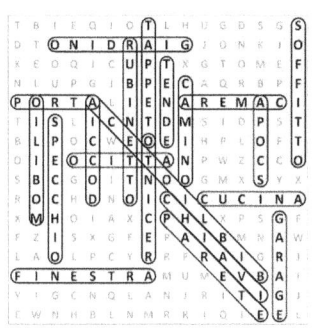

26 - Vegetais

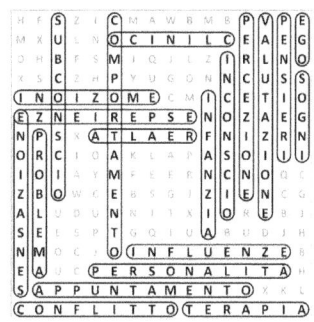

27 - Balé

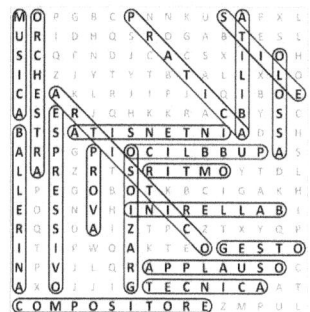

28 - Adjetivos #1

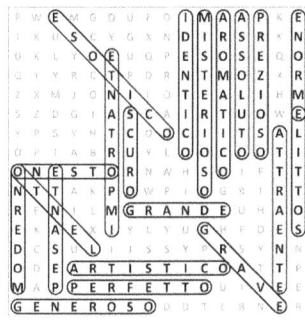

29 - Psicologia

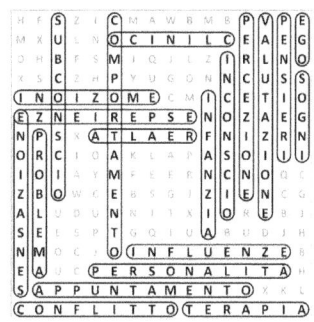

30 - Paisagens

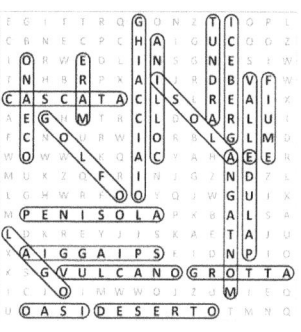

31 - Dança

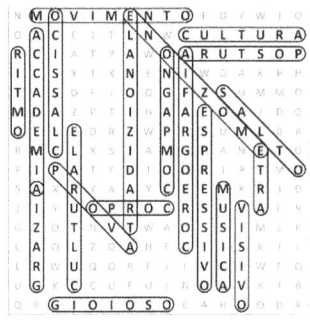

32 - Nutrição

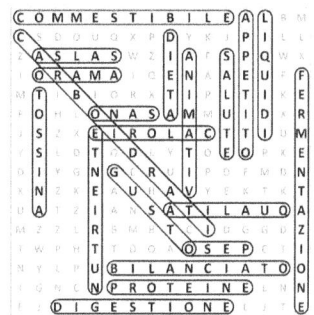

33 - Energia

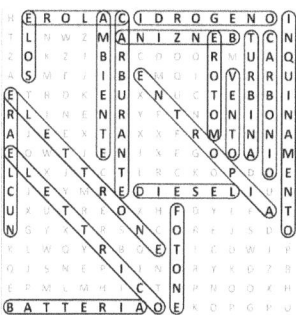

34 - Disciplinas Científicas

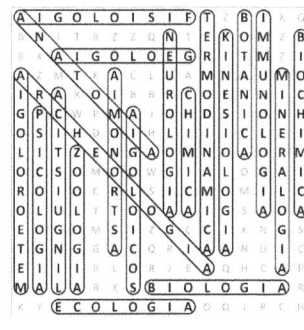

35 - Meditação

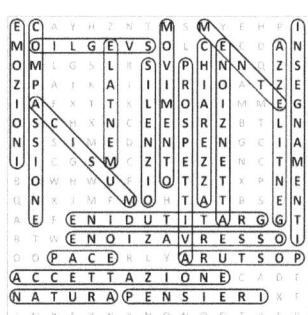

36 - Artes Visuais

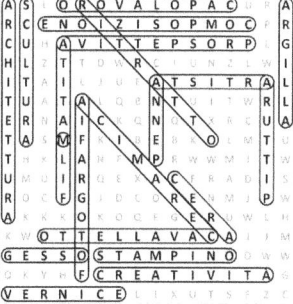

37 - Instrumentos Musicais

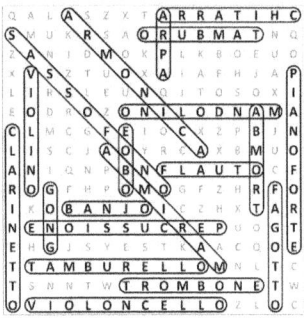

38 - Adjetivos #2

39 - Roupas

40 - Herbalismo

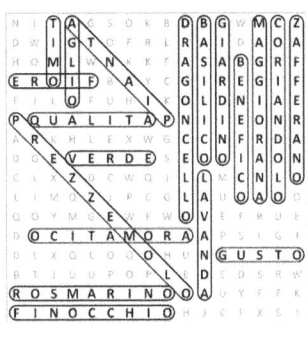

41 - Arqueologia

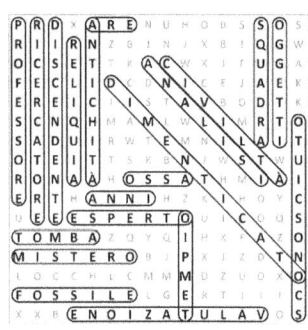

42 - Esporte

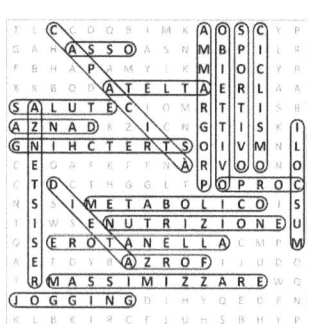

43 - Agronomia

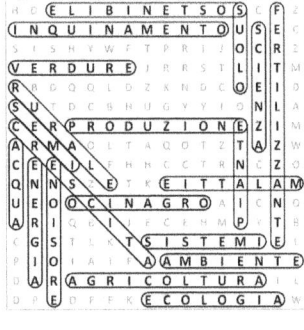

44 - Frutas

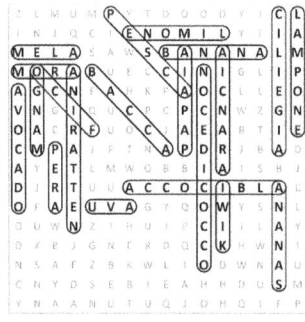

45 - Corpo Humano

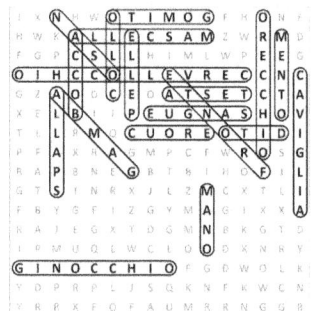

46 - Caminhada

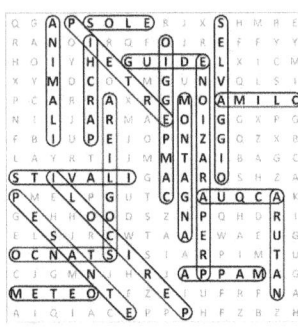

47 - Biologia

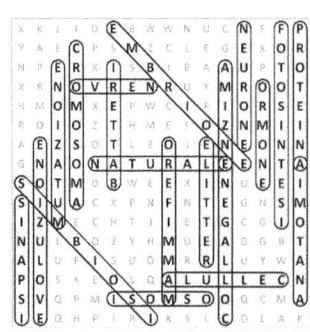

48 - Beleza

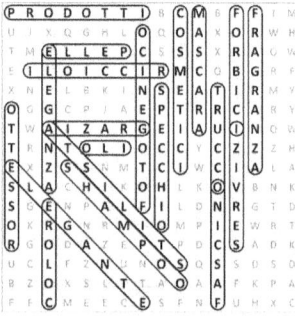

49 - Filantropia

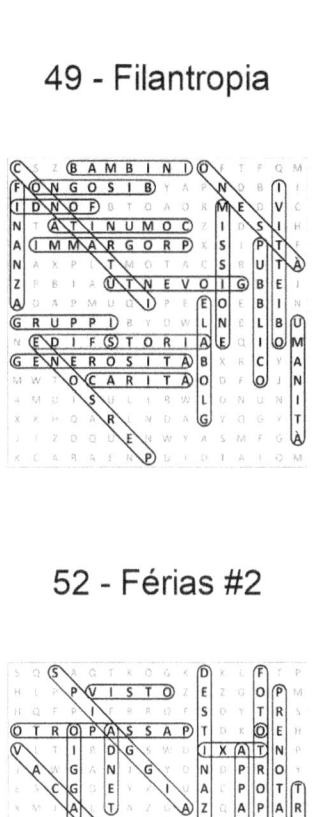

50 - Ecologia

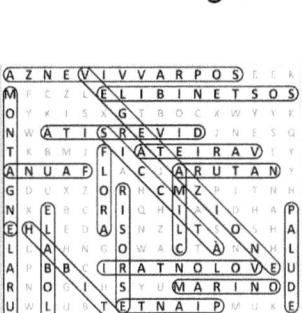

51 - Família

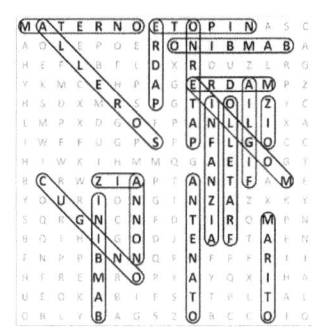

52 - Férias #2

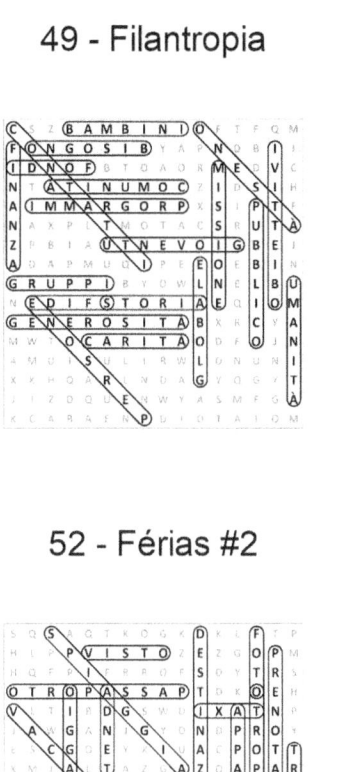

53 - Edifícios

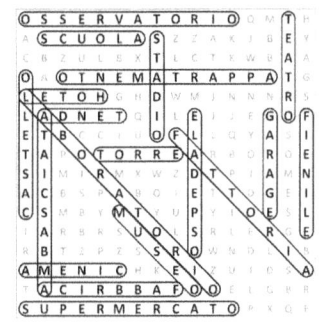

54 - Xadrez

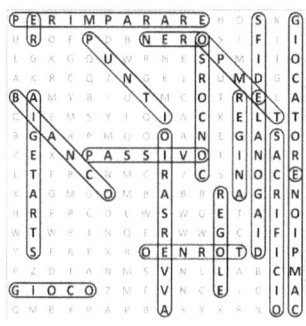

55 - Aventura

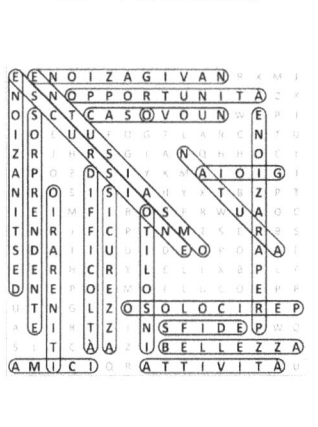

56 - Floresta Tropical

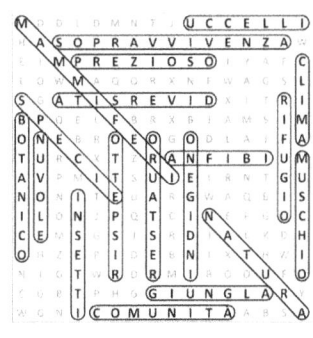

57 - Cidade

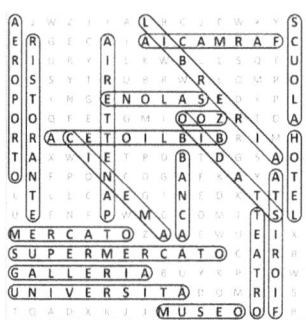

58 - Música

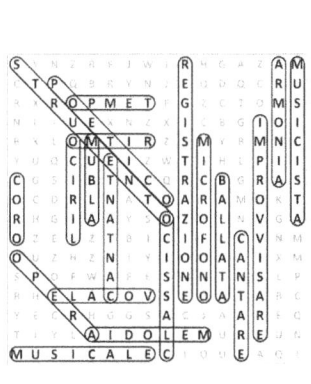

59 - Matemática

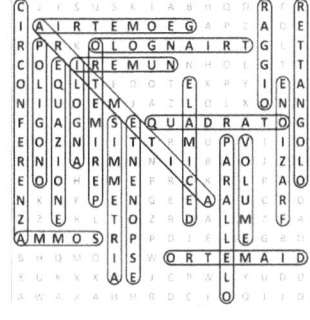

60 - Saúde e Bem Estar #1

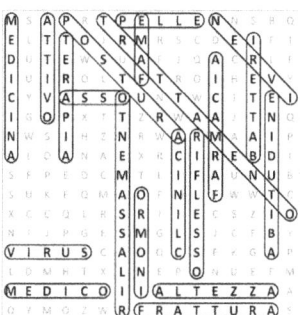

61 - Natureza

62 - Doença

63 - Aquecimento Global

64 - Aviões

65 - Tipos de Cabelo

66 - Criatividade

67 - Dias e Meses

68 - Saúde e Bem Estar #2

69 - Geografia

70 - Antártica

71 - Flores

72 - Fazenda #1

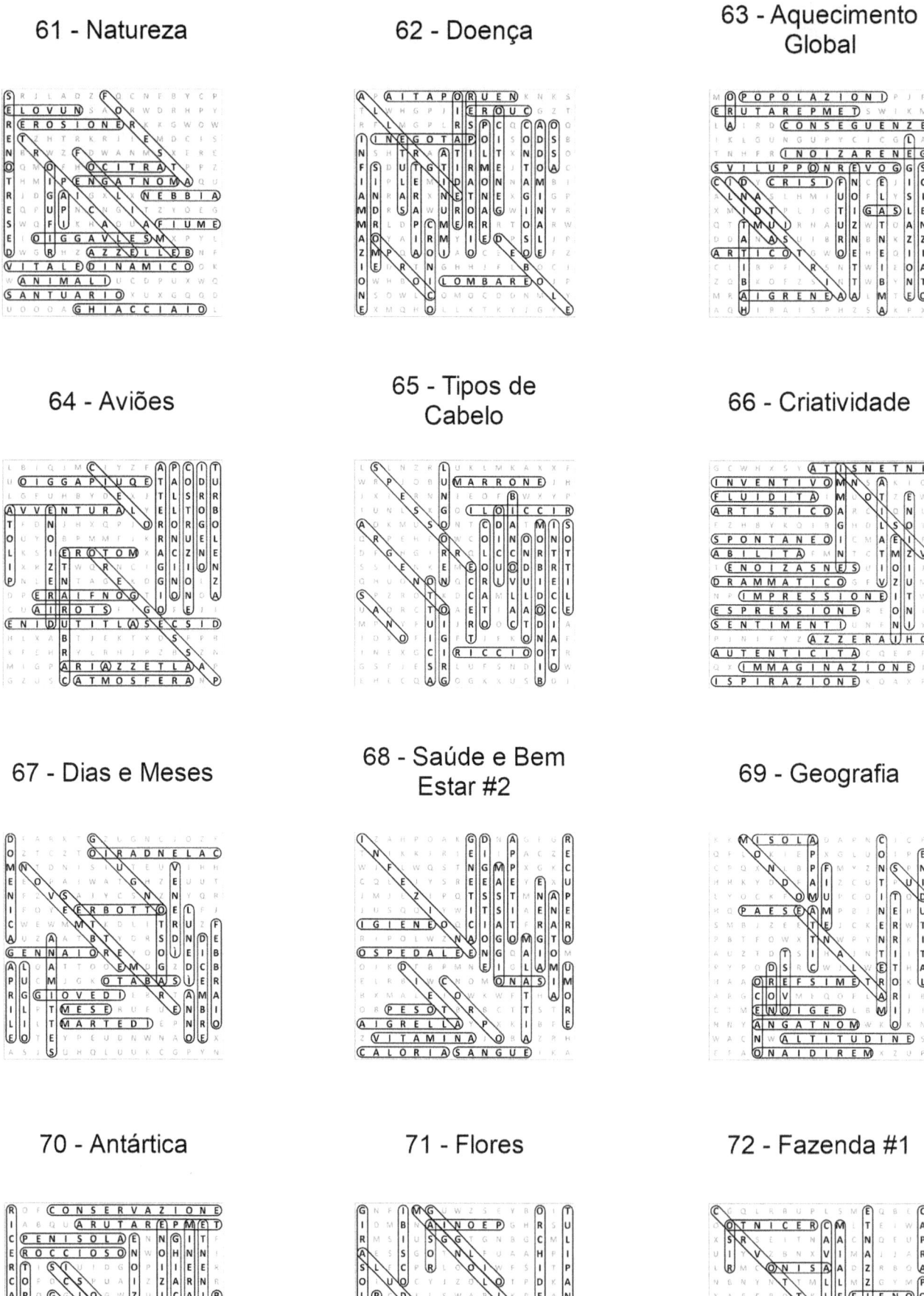

73 - Livros

74 - Chocolate

75 - Governo

76 - Jardinagem

77 - Profissões #2

78 - Café

79 - Negócios

80 - Fazenda #2

81 - Jardim

82 - Oceano

83 - Profissões #1

84 - Força e Gravidade

85 - Abelhas

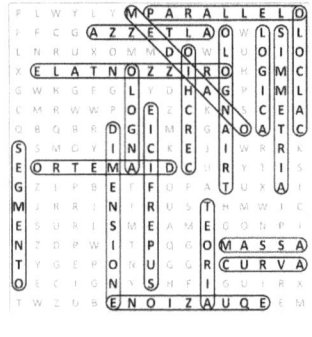

86 - Ciência

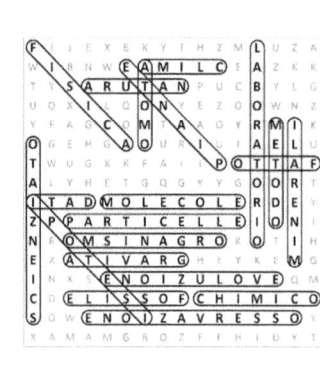

87 - Comida #1

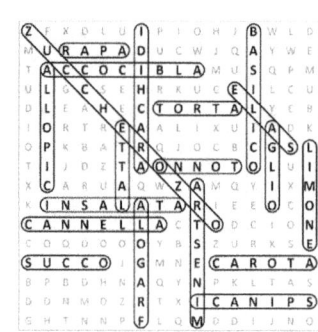

88 - Geometria

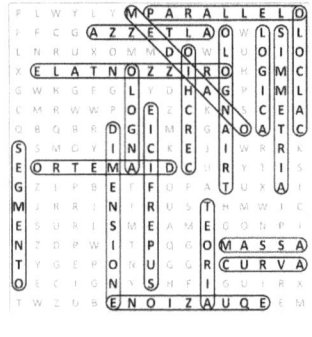

89 - Pássaros

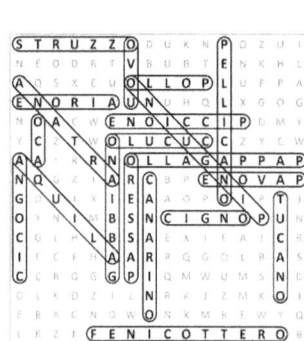

90 - Literatura

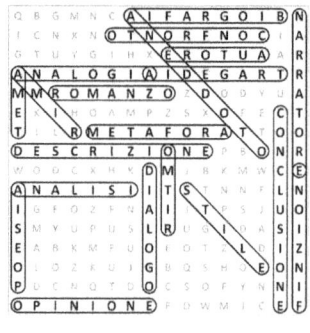

91 - Química

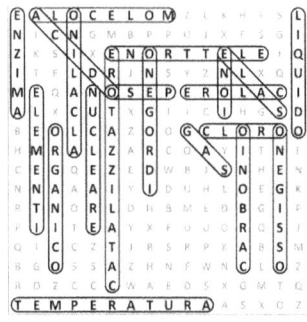

92 - Clima

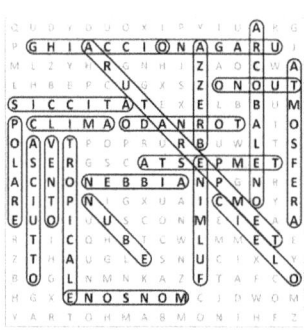

93 - Arte

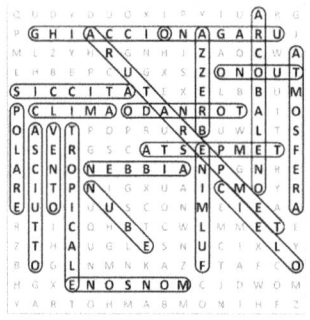

94 - Diplomacia

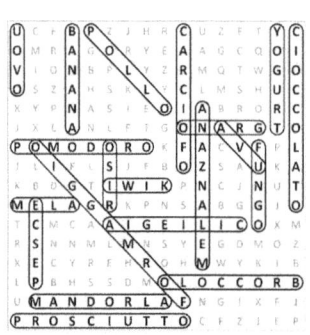

95 - Comida # 2

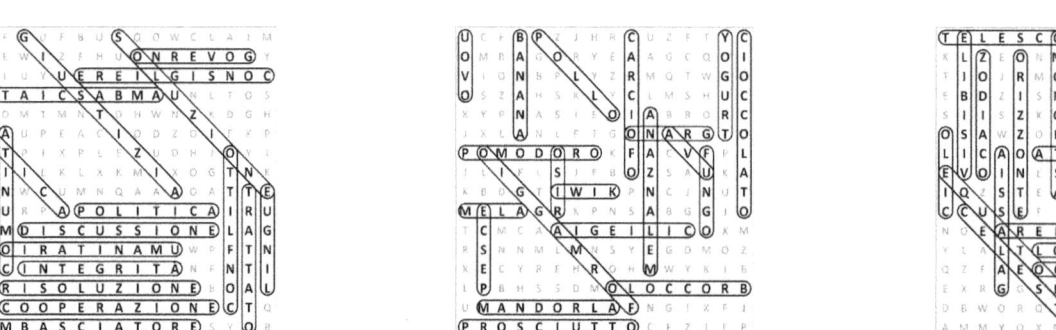

96 - Universo

97 - Jazz

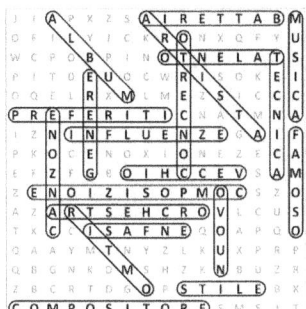

98 - Barcos

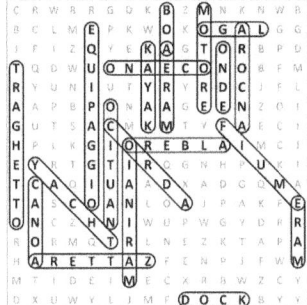

99 - Mamíferos

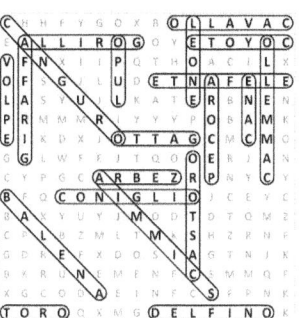

100 - Atividades e Lazer

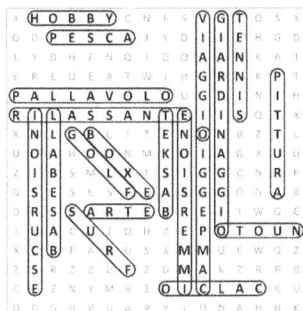

Dicionário

A Mídia
I Media

Atitudes	Atteggiamenti
Comercial	Commerciale
Comunicação	Comunicazione
Digital	Digitale
Edição	Edizione
Educação	Educazione
Fatos	Fatti
Financiamento	Finanziamento
Fotos	Foto
Individual	Individuale
Indústria	Industria
Intelectual	Intellettuale
Jornais	Giornali
Local	Locale
Online	Online
Opinião	Opinione
Público	Pubblico
Rádio	Radio
Rede	Rete
Televisão	Televisione

Abelhas
Api

Asas	Ali
Benéfico	Benefico
Cera	Cera
Colmeia	Alveare
Diversidade	Diversità
Ecossistema	Ecosistema
Enxame	Sciame
Flor	Fiorire
Flores	Fiori
Fruta	Frutta
Fumaça	Fumo
Habitat	Habitat
Inseto	Insetto
Jardim	Giardino
Mel	Miele
Plantas	Piante
Pólen	Polline
Rainha	Regina
Sol	Sole

Acampamento
Campeggio

Animais	Animali
Aventura	Avventura
Árvores	Alberi
Bússola	Bussola
Cabine	Cabina
Caça	Caccia
Canoa	Canoa
Chapéu	Cappello
Corda	Corda
Equipamento	Attrezzatura
Floresta	Foresta
Fogo	Fuoco
Inseto	Insetto
Lago	Lago
Lua	Luna
Maca	Amaca
Mapa	Mappa
Montanha	Montagna
Natureza	Natura
Tenda	Tenda

Adjetivos #1
Aggettivi #1

Absoluto	Assoluto
Aromático	Aromatico
Artístico	Artistico
Atraente	Attraente
Enorme	Enorme
Escuro	Scuro
Exótico	Esotico
Fino	Sottile
Generoso	Generoso
Grande	Grande
Honesto	Onesto
Idêntico	Identico
Importante	Importante
Lento	Lento
Misterioso	Misterioso
Moderno	Moderno
Perfeito	Perfetto
Pesado	Pesante
Sério	Grave
Valioso	Prezioso

Adjetivos #2
Aggettivi #2

Autêntico	Autentico
Criativo	Creativo
Descritivo	Descrittivo
Dotado	Dotato
Elegante	Elegante
Famoso	Famoso
Forte	Forte
Interessante	Interessante
Natural	Naturale
Normal	Normale
Novo	Nuovo
Orgulhoso	Orgoglioso
Produtivo	Produttivo
Puro	Puro
Quente	Caldo
Responsável	Responsabile
Salgado	Salato
Saudável	Sano
Seco	Asciutto
Selvagem	Selvaggio

Agronomia
Agronomia

Agricultura	Agricoltura
Ambiente	Ambiente
Água	Acqua
Ciência	Scienza
Crescimento	Crescita
Doenças	Malattie
Ecologia	Ecologia
Energia	Energia
Erosão	Erosione
Fertilizante	Fertilizzante
Legumes	Verdure
Orgânico	Organico
Plantas	Piante
Poluição	Inquinamento
Produção	Produzione
Rural	Rurale
Sementes	Semi
Sistemas	Sistemi
Solo	Suolo
Sustentável	Sostenibile

Antártica
Antartide

Ambiente	Ambiente
Água	Acqua
Baía	Baia
Baleias	Balene
Científico	Scientifico
Conservação	Conservazione
Continente	Continente
Expedição	Spedizione
Geleiras	Ghiacciai
Gelo	Ghiaccio
Geografia	Geografia
Ilhas	Isole
Investigador	Ricercatore
Migração	Migrazione
Minerais	Minerali
Península	Penisola
Pinguins	Pinguini
Rochoso	Roccioso
Temperatura	Temperatura
Topografia	Topografia

Antiguidades
Antiquariato

Arte	Arte
Autêntico	Autentico
Decorativo	Decorativo
Elegante	Elegante
Entusiasta	Appassionato
Escultura	Scultura
Estilo	Stile
Galeria	Galleria
Incomum	Insolito
Investimento	Investimento
Item	Articolo
Leilão	Asta
Mobiliário	Mobilio
Moedas	Monete
Preço	Prezzo
Qualidade	Qualità
Restauração	Restauro
Século	Secolo
Valor	Valore
Velho	Vecchio

Aquecimento Global
Riscaldamento Globale

Agora	Ora
Ambiental	Ambientale
Atenção	Attenzione
Ártico	Artico
Cientista	Scienziato
Clima	Clima
Consequências	Conseguenze
Crise	Crisi
Dados	Dati
Desenvolvimento	Sviluppo
Energia	Energia
Futuro	Futuro
Gás	Gas
Gerações	Generazioni
Governo	Governo
Habitats	Habitat
Indústria	Industria
Legislação	Legislazione
Populações	Popolazioni
Temperaturas	Temperature

Arqueologia
Archeologia

Análise	Analisi
Anos	Anni
Antiguidade	Antichità
Avaliação	Valutazione
Civilização	Civiltà
Descendente	Discendente
Desconhecido	Sconosciuto
Equipe	Squadra
Era	Era
Especialista	Esperto
Esquecido	Dimenticato
Fóssil	Fossile
Investigador	Ricercatore
Mistério	Mistero
Objetos	Oggetti
Ossos	Ossa
Professor	Professore
Relíquia	Reliquia
Templo	Tempio
Túmulo	Tomba

Arte
Arte

Cerâmica	Ceramica
Complexo	Complesso
Composição	Composizione
Criar	Creare
Escultura	Scultura
Expressão	Espressione
Figura	Figura
Honesto	Onesto
Humor	Umore
Inspirado	Ispirato
Original	Originale
Pessoal	Personale
Pinturas	Dipinti
Poesia	Poesia
Retratar	Ritrarre
Simples	Semplice
Símbolo	Simbolo
Sujeito	Soggetto
Surrealismo	Surrealismo
Visual	Visivo

Artes Visuais
Arti Visive

Argila	Argilla
Arquitetura	Architettura
Artista	Artista
Caneta	Penna
Cavalete	Cavalletto
Cera	Cera
Cerâmica	Ceramica
Composição	Composizione
Criatividade	Creatività
Escultura	Scultura
Estêncil	Stampino
Filme	Film
Fotografia	Fotografia
Giz	Gesso
Lápis	Matita
Obra-Prima	Capolavoro
Perspectiva	Prospettiva
Pintura	Pittura
Retrato	Ritratto
Verniz	Vernice

Astronomia
Astronomia

Asteróide	Asteroide
Astronauta	Astronauta
Astrônomo	Astronomo
Céu	Cielo
Constelação	Costellazione
Cosmos	Cosmo
Eclipse	Eclissi
Equinócio	Equinozio
Foguete	Razzo
Gravidade	Gravità
Lua	Luna
Meteoro	Meteora
Nebulosa	Nebulosa
Observatório	Osservatorio
Planeta	Pianeta
Radiação	Radiazione
Solar	Solare
Supernova	Supernova
Terra	Terra
Universo	Universo

Atividades e Lazer
Attività e Tempo Libero

Acampamento	Campeggio
Arte	Arte
Basquete	Basket
Beisebol	Baseball
Boxe	Boxe
Caminhada	Escursioni
Futebol	Calcio
Golfe	Golf
Hobbies	Hobby
Jardinagem	Giardinaggio
Mergulho	Immersione
Natação	Nuoto
Pesca	Pesca
Pintura	Pittura
Relaxante	Rilassante
Surfe	Surf
Tênis	Tennis
Viagem	Viaggio
Voleibol	Pallavolo

Aventura
Avventura

Alegria	Gioia
Amigos	Amici
Atividade	Attività
Beleza	Bellezza
Chance	Caso
Desafios	Sfide
Destino	Destinazione
Dificuldade	Difficoltà
Entusiasmo	Entusiasmo
Excursão	Escursione
Incomum	Insolito
Itinerário	Itinerario
Natureza	Natura
Navegação	Navigazione
Novo	Nuovo
Oportunidade	Opportunità
Perigoso	Pericoloso
Preparação	Preparazione
Segurança	Sicurezza
Surpreendente	Sorprendente

Aviões
Aeroplani

Altitude	Altitudine
Altura	Altezza
Ar	Aria
Aterrissagem	Atterraggio
Atmosfera	Atmosfera
Aventura	Avventura
Balão	Palloncino
Céu	Cielo
Combustível	Carburante
Construção	Costruzione
Descida	Discesa
Direção	Direzione
Hidrogênio	Idrogeno
História	Storia
Inflar	Gonfiare
Motor	Motore
Passageiro	Passeggero
Piloto	Pilota
Tripulação	Equipaggio
Turbulência	Turbolenza

Álgebra
Algebra

Diagrama	Diagramma
Equação	Equazione
Expoente	Esponente
Falso	Falso
Fator	Fattore
Fórmula	Formula
Fração	Frazione
Infinito	Infinito
Linear	Lineare
Matriz	Matrice
Número	Numero
Parêntese	Parentesi
Problema	Problema
Quantidade	Quantità
Simplificar	Semplificare
Solução	Soluzione
Soma	Somma
Subtração	Sottrazione
Variável	Variabile
Zero	Zero

Balé
Balletto

Aplauso	Applauso
Artístico	Artistico
Bailarina	Ballerina
Compositor	Compositore
Coreografia	Coreografia
Dançarinos	Ballerini
Ensaio	Prova
Estilo	Stile
Expressivo	Espressivo
Gesto	Gesto
Gracioso	Grazioso
Habilidade	Abilità
Intensidade	Intensità
Música	Musica
Orquestra	Orchestra
Prática	Pratica
Público	Pubblico
Ritmo	Ritmo
Solo	Assolo
Técnica	Tecnica

Barcos
Imbarcazioni

Âncora	Ancora
Balsa	Traghetto
Bóia	Boa
Caiaque	Kayak
Canoa	Canoa
Corda	Corda
Doca	Dock
Iate	Yacht
Jangada	Zattera
Lago	Lago
Mar	Mare
Maré	Marea
Marinheiro	Marinaio
Mastro	Albero
Motor	Motore
Náutico	Nautico
Oceano	Oceano
Ondas	Onde
Rio	Fiume
Tripulação	Equipaggio

Beleza
Bellezza

Batom	Rossetto
Cachos	Riccioli
Charme	Fascino
Cor	Colore
Cosméticos	Cosmetici
Elegante	Elegante
Elegância	Eleganza
Espelho	Specchio
Estilista	Stilista
Fotogênico	Fotogenico
Fragrância	Fragranza
Graça	Grazia
Maquiagem	Trucco
Óleos	Oli
Pele	Pelle
Produtos	Prodotti
Rímel	Mascara
Serviços	Servizi
Tesoura	Forbici
Xampu	Shampoo

Biologia
Biologia

Anatomia	Anatomia
Bactérias	Batteri
Célula	Cellula
Colagénio	Collagene
Cromossoma	Cromosoma
Embrião	Embrione
Enzima	Enzima
Evolução	Evoluzione
Fotossíntese	Fotosintesi
Hormona	Ormone
Mamífero	Mammifero
Mutação	Mutazione
Natural	Naturale
Nervo	Nervo
Neurônio	Neurone
Osmose	Osmosi
Proteína	Proteina
Réptil	Rettile
Simbiose	Simbiosi
Sinapse	Sinapsi

Café
Caffè

Açúcar	Zucchero
Amargo	Amaro
Aroma	Aroma
Assado	Arrostito
Água	Acqua
Bebida	Bevanda
Cafeína	Caffeina
Copa	Tazza
Creme	Crema
Filtro	Filtro
Leite	Latte
Líquido	Liquido
Manhã	Mattina
Moer	Macinare
Origem	Origine
Preço	Prezzo
Preto	Nero
Sabor	Gusto
Variedade	Varietà

Caminhada
Escursionismo

Acampamento	Campeggio
Animais	Animali
Água	Acqua
Botas	Stivali
Cansado	Stanco
Clima	Clima
Guias	Guide
Mapa	Mappa
Montanha	Montagna
Natureza	Natura
Orientação	Orientamento
Parques	Parchi
Pedras	Pietre
Penhasco	Scogliera
Perigos	Pericoli
Pesado	Pesante
Preparação	Preparazione
Selvagem	Selvaggio
Sol	Sole
Tempo	Meteo

Casa
Casa

Biblioteca	Biblioteca
Cerca	Recinto
Chaves	Chiavi
Chuveiro	Doccia
Cortinas	Tende
Cozinha	Cucina
Espelho	Specchio
Garagem	Garage
Janela	Finestra
Jardim	Giardino
Lareira	Camino
Mobiliário	Mobilio
Parede	Parete
Porta	Porta
Quarto	Camera
Sótão	Attico
Tapete	Tappeto
Teto	Soffitto
Torneira	Rubinetto
Vassoura	Scopa

Chocolate
Cioccolato

Açúcar	Zucchero
Amargo	Amaro
Amendoins	Arachidi
Antioxidante	Antiossidante
Aroma	Aroma
Artesanal	Artigianale
Cacau	Cacao
Calorias	Calorie
Caramelo	Caramello
Coco	Noce di Cocco
Comer	Mangiare
Delicioso	Delizioso
Doce	Dolce
Exótico	Esotico
Favorito	Preferito
Gosto	Gusto
Ingrediente	Ingrediente
Pó	Polvere
Qualidade	Qualità
Receita	Ricetta

Churrascos
Barbecue

Almoço	Pranzo
Convite	Invito
Crianças	Bambini
Facas	Coltelli
Família	Famiglia
Fome	Fame
Frango	Pollo
Fruta	Frutta
Grelha	Griglia
Jantar	Cena
Jogos	Giochi
Legumes	Verdure
Molho	Salsa
Música	Musica
Pimenta	Pepe
Quente	Caldo
Sal	Sale
Saladas	Insalate
Tomates	Pomodori
Verão	Estate

Cidade
Città

Aeroporto	Aeroporto
Banco	Banca
Biblioteca	Biblioteca
Cinema	Cinema
Escola	Scuola
Estádio	Stadio
Farmácia	Farmacia
Florista	Fiorista
Galeria	Galleria
Hotel	Hotel
Jardim Zoológico	Zoo
Livraria	Libreria
Mercado	Mercato
Museu	Museo
Padaria	Panetteria
Restaurante	Ristorante
Salão	Salone
Supermercado	Supermercato
Teatro	Teatro
Universidade	Università

Ciência
Scienza

Átomo	Atomo
Cientista	Scienziato
Clima	Clima
Dados	Dati
Evolução	Evoluzione
Fato	Fatto
Física	Fisica
Fóssil	Fossile
Gravidade	Gravità
Hipótese	Ipotesi
Laboratório	Laboratorio
Método	Metodo
Minerais	Minerali
Moléculas	Molecole
Natureza	Natura
Observação	Osservazione
Organismo	Organismo
Partículas	Particelle
Plantas	Piante
Químico	Chimico

Clima
Meteo

Arco-Íris	Arcobaleno
Atmosfera	Atmosfera
Brisa	Brezza
Céu	Cielo
Clima	Clima
Furacão	Uragano
Gelo	Ghiaccio
Monção	Monsone
Nevoeiro	Nebbia
Nuvem	Nube
Polar	Polare
Relâmpago	Fulmine
Seca	Siccità
Seco	Asciutto
Temperatura	Temperatura
Tempestade	Tempesta
Tornado	Tornado
Tropical	Tropicale
Trovão	Tuono
Vento	Vento

Comida # 2
Cibo #2

Alcachofra	Carciofo
Amêndoa	Mandorla
Arroz	Riso
Banana	Banana
Beringela	Melanzana
Brócolis	Broccolo
Cereja	Ciliegia
Chocolate	Cioccolato
Cogumelo	Fungo
Frango	Pollo
Iogurte	Yogurt
Kiwi	Kiwi
Maçã	Mela
Ovo	Uovo
Peixe	Pesce
Presunto	Prosciutto
Queijo	Formaggio
Tomate	Pomodoro
Trigo	Grano
Uva	Uva

Comida #1
Cibo #1

Açúcar	Zucchero
Alho	Aglio
Amendoim	Arachidi
Atum	Tonno
Bolo	Torta
Canela	Cannella
Cebola	Cipolla
Cenoura	Carota
Cevada	Orzo
Damasco	Albicocca
Espinafre	Spinaci
Leite	Latte
Limão	Limone
Manjericão	Basilico
Morango	Fragola
Nabo	Rapa
Sal	Sale
Salada	Insalata
Sopa	Minestra
Suco	Succo

Corpo Humano
Corpo Umano

Boca	Bocca
Cabeça	Testa
Cérebro	Cervello
Coração	Cuore
Cotovelo	Gomito
Dedo	Dito
Joelho	Ginocchio
Mandíbula	Mascella
Mão	Mano
Nariz	Naso
Olho	Occhio
Ombro	Spalla
Orelha	Orecchio
Pele	Pelle
Perna	Gamba
Pescoço	Collo
Queixo	Mento
Sangue	Sangue
Testa	Fronte
Tornozelo	Caviglia

Cozinha
Cucina

Avental	Grembiule
Chaleira	Bollitore
Colheres	Cucchiai
Comer	Mangiare
Concha	Mestolo
Cups	Tazze
Especiarias	Spezie
Esponja	Spugna
Facas	Coltelli
Forno	Forno
Freezer	Congelatore
Garfos	Forchette
Geladeira	Frigorifero
Grelha	Griglia
Guardanapo	Tovagliolo
Jar	Vaso
Jarro	Brocca
Pauzinhos	Bacchette
Receita	Ricetta
Tigela	Ciotola

Criatividade
Creatività

Artístico	Artistico
Autenticidade	Autenticità
Clareza	Chiarezza
Dramático	Drammatico
Emoções	Emozioni
Espontânea	Spontaneo
Expressão	Espressione
Fluidez	Fluidità
Habilidade	Abilità
Imagem	Immagine
Imaginação	Immaginazione
Impressão	Impressione
Inspiração	Ispirazione
Intensidade	Intensità
Intuição	Intuizione
Inventivo	Inventivo
Sensação	Sensazione
Sentimentos	Sentimenti
Visões	Visioni
Vitalidade	Vitalità

Dança
Danza

Academia	Accademia
Alegre	Gioioso
Arte	Arte
Clássico	Classico
Coreografia	Coreografia
Corpo	Corpo
Cultura	Cultura
Cultural	Culturale
Emoção	Emozione
Ensaio	Prova
Expressivo	Espressivo
Graça	Grazia
Movimento	Movimento
Música	Musica
Parceiro	Compagno
Postura	Postura
Ritmo	Ritmo
Saltar	Salto
Tradicional	Tradizionale
Visual	Visivo

Dias e Meses
Giorni e Mesi

Abril	Aprile
Agosto	Agosto
Ano	Anno
Calendário	Calendario
Dezembro	Dicembre
Domingo	Domenica
Fevereiro	Febbraio
Janeiro	Gennaio
Julho	Luglio
Junho	Giugno
Mês	Mese
Novembro	Novembre
Outubro	Ottobre
Quinta-Feira	Giovedì
Sábado	Sabato
Segunda-Feira	Lunedì
Semana	Settimana
Setembro	Settembre
Sexta-Feira	Venerdì
Terça	Martedì

Diplomacia
Diplomazia

Cidadãos	Cittadini
Comunidade	Comunità
Conflito	Conflitto
Consultor	Consigliere
Cooperação	Cooperazione
Diplomático	Diplomatico
Discussão	Discussione
Embaixada	Ambasciata
Embaixador	Ambasciatore
Ética	Etica
Governo	Governo
Humanitário	Umanitario
Integridade	Integrità
Justiça	Giustizia
Línguas	Lingue
Política	Politica
Resolução	Risoluzione
Segurança	Sicurezza
Solução	Soluzione
Tratado	Trattato

Dirigindo
Guida

Acidente	Incidente
Caminhão	Camion
Carro	Auto
Combustível	Carburante
Cuidado	Attenzione
Estrada	Strada
Freios	Freni
Garagem	Garage
Gás	Gas
Licença	Licenza
Mapa	Mappa
Motocicleta	Moto
Motor	Motore
Pedestre	Pedonale
Perigo	Pericolo
Polícia	Polizia
Segurança	Sicurezza
Transporte	Trasporto
Tráfego	Traffico
Túnel	Tunnel

Disciplinas Científicas
Discipline Scientifiche

Anatomia	Anatomia
Arqueologia	Archeologia
Astronomia	Astronomia
Biologia	Biologia
Bioquímica	Biochimica
Botânica	Botanica
Cinesiologia	Kinesiologia
Ecologia	Ecologia
Fisiologia	Fisiologia
Geologia	Geologia
Imunologia	Immunologia
Linguística	Linguistica
Meteorologia	Meteorologia
Mineralogia	Mineralogia
Neurologia	Neurologia
Psicologia	Psicologia
Química	Chimica
Sociologia	Sociologia
Termodinâmica	Termodinamica
Zoologia	Zoologia

Doença
Malattia

Abdominal	Addominale
Alergias	Allergie
Contagioso	Contagioso
Coração	Cuore
Corpo	Corpo
Crônica	Cronico
Fraco	Debole
Genético	Genetico
Hereditário	Ereditario
Imunidade	Immunità
Inflamação	Infiammazione
Lombar	Lombare
Neuropatia	Neuropatia
Ossos	Ossa
Patógenos	Patogeni
Pulmonar	Polmonare
Respiratório	Respiratorio
Saúde	Salute
Síndrome	Sindrome
Terapia	Terapia

Ecologia
Ecologia

Clima	Clima
Comunidades	Comunità
Diversidade	Diversità
Fauna	Fauna
Flora	Flora
Global	Globale
Habitat	Habitat
Marinho	Marino
Montanhas	Montagne
Natural	Naturale
Natureza	Natura
Pântano	Palude
Plantas	Piante
Recursos	Risorse
Seca	Siccità
Sobrevivência	Sopravvivenza
Sustentável	Sostenibile
Variedade	Varietà
Vegetação	Vegetazione
Voluntários	Volontari

Edifícios
Edifici

Apartamento	Appartamento
Castelo	Castello
Celeiro	Fienile
Cinema	Cinema
Embaixada	Ambasciata
Escola	Scuola
Estádio	Stadio
Fazenda	Fattoria
Fábrica	Fabbrica
Garagem	Garage
Hospital	Ospedale
Hotel	Hotel
Laboratório	Laboratorio
Museu	Museo
Observatório	Osservatorio
Supermercado	Supermercato
Teatro	Teatro
Tenda	Tenda
Torre	Torre
Universidade	Università

Energia
Energia

Ambiente	Ambiente
Bateria	Batteria
Calor	Calore
Carbono	Carbonio
Combustível	Carburante
Diesel	Diesel
Elétrico	Elettrico
Elétron	Elettrone
Entropia	Entropia
Fóton	Fotone
Gasolina	Benzina
Hidrogênio	Idrogeno
Indústria	Industria
Motor	Motore
Nuclear	Nucleare
Poluição	Inquinamento
Renovável	Rinnovabile
Sol	Sole
Turbina	Turbina
Vento	Vento

Engenharia
Ingegneria

Atrito	Attrito
Ângulo	Angolo
Cálculo	Calcolo
Construção	Costruzione
Diagrama	Diagramma
Diâmetro	Diametro
Diesel	Diesel
Dimensões	Dimensioni
Distribuição	Distribuzione
Eixo	Asse
Energia	Energia
Estabilidade	Stabilità
Estrutura	Struttura
Força	Forza
Líquido	Liquido
Máquina	Macchina
Medição	Misurazione
Motor	Motore
Profundidade	Profondità
Propulsão	Propulsione

Especiarias
Spezie

Açafrão	Zafferano
Alcaçuz	Liquirizia
Alho	Aglio
Amargo	Amaro
Anis	Anice
Azedo	Acido
Baunilha	Vaniglia
Canela	Cannella
Cardamomo	Cardamomo
Caril	Curry
Cebola	Cipolla
Coentro	Coriandolo
Cominho	Cumino
Doce	Dolce
Funcho	Finocchio
Gengibre	Zenzero
Noz-Moscada	Noce Moscata
Pimenta	Pepe
Sabor	Gusto
Sal	Sale

Esporte
Sport

Alongamento	Stretching
Atleta	Atleta
Capacidade	Capacità
Ciclismo	Ciclismo
Corpo	Corpo
Dançando	Danza
Dieta	Dieta
Esportes	Sportivo
Força	Forza
Jogging	Jogging
Maximizar	Massimizzare
Metabólico	Metabolico
Músculos	Muscoli
Nutrição	Nutrizione
Objetivo	Obiettivo
Ossos	Ossa
Programa	Programma
Resistência	Resistenza
Saúde	Salute
Treinador	Allenatore

Ética
Etica

Altruísmo	Altruismo
Benevolente	Benevolo
Bondade	Gentilezza
Compaixão	Compassione
Cooperação	Cooperazione
Dignidade	Dignità
Diplomático	Diplomatico
Filosofia	Filosofia
Honestidade	Onestà
Humanidade	Umanità
Integridade	Integrità
Otimismo	Ottimismo
Paciência	Pazienza
Racionalidade	Razionalità
Razoável	Ragionevole
Realismo	Realismo
Respeitoso	Rispettoso
Sabedoria	Saggezza
Tolerância	Tolleranza
Valores	Valori

Família
Famiglia

Antepassado	Antenato
Avó	Nonna
Criança	Bambino
Crianças	Bambini
Esposa	Moglie
Filha	Figlia
Infância	Infanzia
Irmã	Sorella
Irmão	Fratello
Marido	Marito
Materno	Materno
Mãe	Madre
Neto	Nipote
Pai	Padre
Paterno	Paterno
Primo	Cugino
Sobrinha	Nipote
Sobrinho	Nipote
Tia	Zia
Tio	Zio

Fazenda #1
Fattoria #1

Abelha	Ape
Agricultura	Agricoltura
Arroz	Riso
Água	Acqua
Bezerro	Vitello
Burro	Asino
Cabra	Capra
Campo	Campo
Cavalo	Cavallo
Cão	Cane
Cerca	Recinto
Corvo	Corvo
Feno	Fieno
Fertilizante	Fertilizzante
Frango	Pollo
Gato	Gatto
Mel	Miele
Porco	Maiale
Rebanho	Gregge
Vaca	Mucca

Fazenda #2
Fattoria #2

Agricultor	Agricoltore
Animais	Animali
Celeiro	Fienile
Cevada	Orzo
Colmeia	Alveare
Cordeiro	Agnello
Fruta	Frutta
Irrigação	Irrigazione
Leite	Latte
Lhama	Lama
Maduro	Maturo
Milho	Mais
Ovelha	Pecora
Pastor	Pastore
Pato	Anatra
Pomar	Frutteto
Prado	Prato
Trator	Trattore
Trigo	Grano
Vegetal	Verdura

Férias #2
Vacanze #2

Aeroporto	Aeroporto
Destino	Destinazione
Estrangeiro	Straniero
Feriado	Vacanza
Fotos	Foto
Hotel	Hotel
Ilha	Isola
Lazer	Tempo Libero
Mapa	Mappa
Mar	Mare
Montanhas	Montagne
Passaporte	Passaporto
Praia	Spiaggia
Reservas	Prenotazioni
Restaurante	Ristorante
Táxi	Taxi
Tenda	Tenda
Transporte	Trasporto
Viagem	Viaggio
Visto	Visto

Ficção Científica
Fantascienza

Atómico	Atomico
Cinema	Cinema
Distopia	Distopia
Explosão	Esplosione
Extremo	Estremo
Fantástico	Fantastico
Fogo	Fuoco
Futurista	Futuristico
Galáxia	Galassia
Ilusão	Illusione
Imaginário	Immaginario
Livros	Libri
Misterioso	Misterioso
Mundo	Mondo
Oráculo	Oracolo
Planeta	Pianeta
Realista	Realistico
Robôs	Robot
Tecnologia	Tecnologia
Utopia	Utopia

Filantropia
Filantropia

Caridade	Carità
Comunidade	Comunità
Contatos	Contatti
Crianças	Bambini
Desafios	Sfide
Finança	Finanza
Fundos	Fondi
Generosidade	Generosità
Global	Globale
Grupos	Gruppi
História	Storia
Honestidade	Onestà
Humanidade	Umanità
Juventude	Gioventù
Missão	Missione
Necessidade	Bisogno
Objetivos	Obiettivi
Pessoas	Persone
Programas	Programmi
Público	Pubblico

Física
Fisica

Aceleração	Accelerazione
Átomo	Atomo
Caos	Caos
Densidade	Densità
Elétron	Elettrone
Fórmula	Formula
Frequência	Frequenza
Gás	Gas
Gravidade	Gravità
Magnetismo	Magnetismo
Massa	Massa
Mecânica	Meccanica
Molécula	Molecola
Motor	Motore
Nuclear	Nucleare
Partícula	Particella
Químico	Chimico
Relatividade	Relatività
Universal	Universale
Velocidade	Velocità

Flores
Fiori

Buquê	Mazzo
Calêndula	Calendula
Gardênia	Gardenia
Girassol	Girasole
Hibisco	Ibisco
Jasmim	Gelsomino
Lavanda	Lavanda
Lilás	Lilla
Lírio	Giglio
Magnólia	Magnolia
Margarida	Margherita
Narciso	Narciso
Orquídea	Orchidea
Papoula	Papavero
Peônia	Peonia
Pétala	Petalo
Plumeria	Plumeria
Rosa	Rosa
Trevo	Trifoglio
Tulipa	Tulipano

Floresta Tropical
Foresta Pluviale

Anfíbios	Anfibi
Botânico	Botanico
Clima	Clima
Comunidade	Comunità
Diversidade	Diversità
Espécies	Specie
Indígena	Indigeno
Insetos	Insetti
Mamíferos	Mammiferi
Musgo	Muschio
Natureza	Natura
Nuvens	Nuvole
Pássaros	Uccelli
Preservação	Preservazione
Refúgio	Rifugio
Respeito	Rispetto
Restauração	Restauro
Selva	Giungla
Sobrevivência	Sopravvivenza
Valioso	Prezioso

Força e Gravidade
Forza e Gravità

Atrito	Attrito
Centro	Centro
Descoberta	Scoperta
Dinâmico	Dinamico
Distância	Distanza
Eixo	Asse
Expansão	Espansione
Física	Fisica
Impacto	Impatto
Magnetismo	Magnetismo
Mecânica	Meccanica
Movimento	Movimento
Órbita	Orbita
Peso	Peso
Planetas	Pianeti
Pressão	Pressione
Propriedades	Proprietà
Rapidez	Velocità
Tempo	Tempo
Universal	Universale

Frutas
Frutta

Abacate	Avocado
Abacaxi	Ananas
Amora	Mora
Baga	Bacca
Banana	Banana
Cereja	Ciliegia
Coco	Noce di Cocco
Damasco	Albicocca
Figo	Fico
Framboesa	Lampone
Kiwi	Kiwi
Laranja	Arancia
Limão	Limone
Maçã	Mela
Mamão	Papaia
Manga	Mango
Nectarina	Nettarina
Pera	Pera
Pêssego	Pesca
Uva	Uva

Geografia
Geografia

Altitude	Altitudine
Atlas	Atlante
Cidade	Città
Continente	Continente
Hemisfério	Emisfero
Ilha	Isola
Latitude	Latitudine
Mapa	Mappa
Mar	Mare
Meridiano	Meridiano
Montanha	Montagna
Mundo	Mondo
Norte	Nord
Oceano	Oceano
Oeste	Ovest
País	Paese
Região	Regione
Rio	Fiume
Sul	Sud
Território	Territorio

Geologia
Geologia

Ácido	Acido
Camada	Strato
Caverna	Caverna
Cálcio	Calcio
Continente	Continente
Coral	Corallo
Cristais	Cristalli
Erosão	Erosione
Estalactite	Stalattite
Estalagmites	Stalagmiti
Fóssil	Fossile
Lava	Lava
Minerais	Minerali
Pedra	Pietra
Platô	Altopiano
Quartzo	Quarzo
Sal	Sale
Terremoto	Terremoto
Vulcão	Vulcano
Zona	Zona

Geometria
Geometria

Altura	Altezza
Ângulo	Angolo
Cálculo	Calcolo
Círculo	Cerchio
Curva	Curva
Diâmetro	Diametro
Dimensão	Dimensione
Equação	Equazione
Horizontal	Orizzontale
Lógica	Logica
Massa	Massa
Mediana	Mediano
Paralelo	Parallelo
Proporção	Proporzione
Segmento	Segmento
Simetria	Simmetria
Superfície	Superficie
Teoria	Teoria
Triângulo	Triangolo
Vertical	Verticale

Governo
Governo

Cidadania	Cittadinanza
Civil	Civile
Constituição	Costituzione
Democracia	Democrazia
Discurso	Discorso
Discussão	Discussione
Distrito	Quartiere
Estado	Stato
Igualdade	Uguaglianza
Independência	Indipendenza
Judicial	Giudiziario
Justiça	Giustizia
Lei	Legge
Liberdade	Libertà
Líder	Capo
Monumento	Monumento
Nacional	Nazionale
Nação	Nazione
Política	Politica
Símbolo	Simbolo

Herbalismo
Erboristeria

Açafrão	Zafferano
Alecrim	Rosmarino
Alho	Aglio
Aromático	Aromatico
Benéfico	Benefico
Coentro	Coriandolo
Estragão	Dragoncello
Flor	Fiore
Funcho	Finocchio
Ingrediente	Ingrediente
Jardim	Giardino
Lavanda	Lavanda
Manjericão	Basilico
Manjerona	Maggiorana
Planta	Pianta
Qualidade	Qualità
Sabor	Gusto
Salsa	Prezzemolo
Tomilho	Timo
Verde	Verde

Instrumentos Musicais
Strumenti Musicali

Bandolim	Mandolino
Banjo	Banjo
Clarinete	Clarinetto
Fagote	Fagotto
Flauta	Flauto
Gaita	Armonica
Gongo	Gong
Harpa	Arpa
Marimba	Marimba
Oboé	Oboe
Pandeiro	Tamburello
Percussão	Percussione
Piano	Pianoforte
Saxofone	Sassofono
Tambor	Tamburo
Trombone	Trombone
Trompete	Tromba
Violão	Chitarra
Violino	Violino
Violoncelo	Violoncello

Jardim
Giardino

Ancinho	Rastrello
Arbusto	Cespuglio
Árvore	Albero
Banco	Panca
Cerca	Recinto
Flor	Fiore
Garagem	Garage
Grama	Erba
Gramado	Prato
Jardim	Giardino
Lagoa	Stagno
Maca	Amaca
Mangueira	Tubo
Pá	Pala
Pomar	Frutteto
Solo	Suolo
Terraço	Terrazza
Trampolim	Trampolino
Varanda	Portico
Videira	Vite

Jardinagem
Giardinaggio

Água	Acqua
Botânico	Botanico
Buquê	Mazzo
Clima	Clima
Comestível	Commestibile
Composto	Compost
Espécies	Specie
Exótico	Esotico
Flor	Fiorire
Floral	Floreale
Folha	Foglia
Folhagem	Fogliame
Mangueira	Tubo
Pomar	Frutteto
Recipiente	Contenitore
Sazonal	Stagionale
Sementes	Semi
Solo	Suolo
Sujeira	Sporco
Umidade	Umidità

Jazz
Jazz

Artista	Artista
Álbum	Album
Bateria	Batteria
Canção	Canzone
Composição	Composizione
Compositor	Compositore
Concerto	Concerto
Estilo	Stile
Ênfase	Enfasi
Famoso	Famoso
Favoritos	Preferiti
Gênero	Genere
Influências	Influenze
Música	Musica
Novo	Nuovo
Orquestra	Orchestra
Ritmo	Ritmo
Talento	Talento
Técnica	Tecnica
Velho	Vecchio

Literatura
Letteratura

Analogia	Analogia
Análise	Analisi
Anedota	Aneddoto
Autor	Autore
Biografia	Biografia
Comparação	Confronto
Conclusão	Conclusione
Descrição	Descrizione
Diálogo	Dialogo
Estilo	Stile
Ficção	Finzione
Metáfora	Metafora
Narrador	Narratore
Opinião	Opinione
Poema	Poesia
Rima	Rima
Ritmo	Ritmo
Romance	Romanzo
Tema	Tema
Tragédia	Tragedia

Livros
Libri

Autor	Autore
Aventura	Avventura
Coleção	Collezione
Contexto	Contesto
Dualidade	Dualità
Escrito	Scritto
Épico	Epico
História	Storia
Histórico	Storico
Inventivo	Inventivo
Leitor	Lettore
Literário	Letterario
Narrador	Narratore
Página	Pagina
Personagem	Carattere
Poesia	Poesia
Relevante	Rilevante
Romance	Romanzo
Série	Serie
Trágico	Tragico

Mamíferos
Mammiferi

Baleia	Balena
Camelo	Cammello
Canguru	Canguro
Castor	Castoro
Cavalo	Cavallo
Cão	Cane
Coelho	Coniglio
Coiote	Coyote
Elefante	Elefante
Gato	Gatto
Girafa	Giraffa
Golfinho	Delfino
Gorila	Gorilla
Leão	Leone
Lobo	Lupo
Macaco	Scimmia
Ovelha	Pecora
Raposa	Volpe
Touro	Toro
Zebra	Zebra

Matemática
Matematica

Aritmética	Aritmetica
Ângulos	Angoli
Circunferência	Circonferenza
Decimal	Decimale
Diâmetro	Diametro
Equação	Equazione
Expoente	Esponente
Fração	Frazione
Geometria	Geometria
Números	Numeri
Paralelo	Parallelo
Perímetro	Perimetro
Polígono	Poligono
Quadrado	Quadrato
Raio	Raggio
Retângulo	Rettangolo
Simetria	Simmetria
Soma	Somma
Triângulo	Triangolo
Volume	Volume

Material de Arte
Forniture Artistiche

Acrílico	Acrilico
Apagador	Gomma
Aquarelas	Acquerelli
Argila	Argilla
Água	Acqua
Cadeira	Sedia
Carvão	Carbone
Cavalete	Cavalletto
Câmera	Telecamera
Cola	Colla
Cores	Colori
Criatividade	Creatività
Escovas	Spazzole
Lápis	Matite
Mesa	Tavolo
Óleo	Olio
Papel	Carta
Pastels	Pastelli
Tinta	Inchiostro
Tintas	Vernici

Medições
Misurazioni

Altura	Altezza
Byte	Byte
Centímetro	Centimetro
Comprimento	Lunghezza
Decimal	Decimale
Grama	Grammo
Grau	Grado
Largura	Larghezza
Litro	Litro
Massa	Massa
Metro	Metro
Minuto	Minuto
Onça	Oncia
Peso	Peso
Polegada	Pollice
Profundidade	Profondità
Quilograma	Chilogrammo
Quilômetro	Chilometro
Tonelada	Tonnellata
Volume	Volume

Meditação
Meditazione

Aceitação	Accettazione
Acordado	Sveglio
Atenção	Attenzione
Bondade	Gentilezza
Clareza	Chiarezza
Compaixão	Compassione
Emoções	Emozioni
Ensinamentos	Insegnamenti
Gratidão	Gratitudine
Mental	Mentale
Mente	Mente
Movimento	Movimento
Música	Musica
Natureza	Natura
Observação	Osservazione
Paz	Pace
Pensamentos	Pensieri
Perspectiva	Prospettiva
Postura	Postura
Silêncio	Silenzio

Mitologia
Mitologia

Arquétipo	Archetipo
Ciúmes	Gelosia
Comportamento	Comportamento
Criação	Creazione
Criatura	Creatura
Cultura	Cultura
Desastre	Disastro
Força	Forza
Guerreiro	Guerriero
Heroína	Eroina
Herói	Eroe
Imortalidade	Immortalità
Labirinto	Labirinto
Lenda	Leggenda
Mágico	Magico
Monstro	Mostro
Mortal	Mortale
Relâmpago	Fulmine
Trovão	Tuono
Vingança	Vendetta

Música
Musica

Álbum	Album
Balada	Ballata
Cantar	Cantare
Cantor	Cantante
Clássico	Classico
Coro	Coro
Gravação	Registrazione
Harmonia	Armonia
Improvisar	Improvvisare
Instrumento	Strumento
Lírico	Lirico
Melodia	Melodia
Microfone	Microfono
Musical	Musicale
Músico	Musicista
Ópera	Opera
Poético	Poetico
Ritmo	Ritmo
Tempo	Tempo
Vocal	Vocale

Natureza
Natura

Abelhas	Api
Abrigo	Rifugio
Animais	Animali
Ártico	Artico
Beleza	Bellezza
Deserto	Deserto
Dinâmico	Dinamico
Erosão	Erosione
Floresta	Foresta
Folhagem	Fogliame
Geleira	Ghiacciaio
Montanhas	Montagne
Nevoeiro	Nebbia
Nuvens	Nuvole
Rio	Fiume
Santuário	Santuario
Selvagem	Selvaggio
Sereno	Sereno
Tropical	Tropicale
Vital	Vitale

Negócios
Attività Commerciale

Carreira	Carriera
Custo	Costo
Desconto	Sconto
Dinheiro	Soldi
Economia	Economia
Empregado	Dipendente
Empresa	Società
Escritório	Ufficio
Fábrica	Fabbrica
Finança	Finanza
Gerente	Manager
Impostos	Tasse
Investimento	Investimento
Loja	Negozio
Lucro	Profitto
Mercadoria	Merce
Moeda	Valuta
Orçamento	Bilancio
Rendimento	Reddito
Venda	Vendita

Nutrição
Nutrizione

Amargo	Amaro
Apetite	Appetito
Calorias	Calorie
Carboidratos	Carboidrati
Comestível	Commestibile
Dieta	Dieta
Digestão	Digestione
Equilibrado	Bilanciato
Fermentação	Fermentazione
Líquidos	Liquidi
Molho	Salsa
Nutriente	Nutriente
Peso	Peso
Proteínas	Proteine
Qualidade	Qualità
Sabor	Gusto
Saudável	Sano
Saúde	Salute
Toxina	Tossina
Vitamina	Vitamina

Números
Numeri

Cinco	Cinque
Decimal	Decimale
Dez	Dieci
Dezesseis	Sedici
Dezessete	Diciassette
Dezoito	Diciotto
Dois	Due
Doze	Dodici
Nove	Nove
Oito	Otto
Quatorze	Quattordici
Quatro	Quattro
Quinze	Quindici
Seis	Sei
Sete	Sette
Treze	Tredici
Três	Tre
Um	Uno
Vinte	Venti
Zero	Zero

Oceano
Oceano

Alga	Alghe
Atum	Tonno
Baleia	Balena
Barco	Barca
Camarão	Gamberetto
Caranguejo	Granchio
Coral	Corallo
Enguia	Anguilla
Esponja	Spugna
Golfinho	Delfino
Marés	Maree
Medusa	Medusa
Ostra	Ostrica
Peixe	Pesce
Polvo	Polpo
Recife	Scogliera
Sal	Sale
Tartaruga	Tartaruga
Tempestade	Tempesta
Tubarão	Squalo

Paisagens
Paesaggi

Cascata	Cascata
Caverna	Grotta
Colina	Collina
Deserto	Deserto
Geleira	Ghiacciaio
Golfo	Golfo
Iceberg	Iceberg
Ilha	Isola
Lago	Lago
Mar	Mare
Montanha	Montagna
Oásis	Oasi
Oceano	Oceano
Pântano	Palude
Península	Penisola
Praia	Spiaggia
Rio	Fiume
Tundra	Tundra
Vale	Valle
Vulcão	Vulcano

Países #1
Paesi #1

Alemanha	Germania
Brasil	Brasile
Camboja	Cambogia
Canadá	Canada
Egito	Egitto
Equador	Ecuador
Espanha	Spagna
Finlândia	Finlandia
Iraque	Iraq
Israel	Israele
Itália	Italia
Índia	India
Mali	Mali
Marrocos	Marocco
Nicarágua	Nicaragua
Noruega	Norvegia
Panamá	Panama
Polônia	Polonia
Senegal	Senegal
Venezuela	Venezuela

Países #2
Paesi #2

Albânia	Albania
Dinamarca	Danimarca
França	Francia
Grécia	Grecia
Haiti	Haiti
Indonésia	Indonesia
Irlanda	Irlanda
Jamaica	Giamaica
Japão	Giappone
Laos	Laos
Líbano	Libano
México	Messico
Nepal	Nepal
Nigéria	Nigeria
Paquistão	Pakistan
Rússia	Russia
Síria	Siria
Somália	Somalia
Ucrânia	Ucraina
Uganda	Uganda

Pássaros
Uccelli

Avestruz	Struzzo
Águia	Aquila
Canário	Canarino
Cegonha	Cicogna
Cisne	Cigno
Cuco	Cuculo
Flamingo	Fenicottero
Frango	Pollo
Gaivota	Gabbiano
Ganso	Oca
Garça	Airone
Ovo	Uovo
Papagaio	Pappagallo
Pardal	Passero
Pato	Anatra
Pavão	Pavone
Pelicano	Pellicano
Pinguim	Pinguino
Pombo	Piccione
Tucano	Tucano

Plantas
Piante

Arbusto	Cespuglio
Árvore	Albero
Baga	Bacca
Bambu	Bambù
Botânica	Botanica
Cacto	Cactus
Erva	Erba
Feijão	Fagiolo
Fertilizante	Fertilizzante
Flor	Fiore
Flora	Flora
Floresta	Foresta
Folha	Foglia
Folhagem	Fogliame
Hera	Edera
Jardim	Giardino
Musgo	Muschio
Pétala	Petalo
Raiz	Radice
Vegetação	Vegetazione

Profissões #1
Professioni #1

Advogado	Avvocato
Artista	Artista
Astrônomo	Astronomo
Banqueiro	Banchiere
Bombeiro	Pompiere
Caçador	Cacciatore
Cartógrafo	Cartografo
Cientista	Scienziato
Dançarino	Ballerino
Editor	Editore
Embaixador	Ambasciatore
Encanador	Idraulico
Enfermeira	Infermiera
Geólogo	Geologo
Joalheiro	Gioielliere
Marinheiro	Marinaio
Músico	Musicista
Pianista	Pianista
Psicólogo	Psicologo
Veterinário	Veterinario

Profissões #2
Professioni #2

Agricultor	Agricoltore
Astronauta	Astronauta
Bibliotecário	Bibliotecario
Biólogo	Biologo
Cirurgião	Chirurgo
Dentista	Dentista
Engenheiro	Ingegnere
Filósofo	Filosofo
Fotógrafo	Fotografo
Ilustrador	Illustratore
Inventor	Inventore
Investigador	Ricercatore
Jardineiro	Giardiniere
Jornalista	Giornalista
Linguista	Linguista
Médico	Medico
Piloto	Pilota
Pintor	Pittore
Professor	Insegnante
Zoólogo	Zoologo

Psicologia
Psicologia

Avaliação	Valutazione
Clínico	Clinico
Comportamento	Comportamento
Compromisso	Appuntamento
Conflito	Conflitto
Ego	Ego
Emoções	Emozioni
Experiências	Esperienze
Inconsciente	Inconscio
Infância	Infanzia
Influências	Influenze
Pensamentos	Pensieri
Percepção	Percezione
Personalidade	Personalità
Problema	Problema
Realidade	Realtà
Sensação	Sensazione
Sonhos	Sogni
Subconsciente	Subconscio
Terapia	Terapia

Química
Chimica

Alcalino	Alcalino
Ácido	Acido
Calor	Calore
Carbono	Carbonio
Catalisador	Catalizzatore
Cloro	Cloro
Elementos	Elementi
Elétron	Elettrone
Enzima	Enzima
Gás	Gas
Hidrogênio	Idrogeno
Íon	Ione
Líquido	Liquido
Molécula	Molecola
Nuclear	Nucleare
Orgânico	Organico
Oxigénio	Ossigeno
Peso	Peso
Sal	Sale
Temperatura	Temperatura

Restaurante # 2
Ristorante #2

Almoço	Pranzo
Aperitivo	Aperitivo
Água	Acqua
Bebida	Bevanda
Bolo	Torta
Cadeira	Sedia
Colher	Cucchiaio
Delicioso	Delizioso
Especiarias	Spezie
Fruta	Frutta
Garçom	Cameriere
Garfo	Forchetta
Gelo	Ghiaccio
Jantar	Cena
Legumes	Verdure
Ovo	Uova
Peixe	Pesce
Sal	Sale
Salada	Insalata
Sopa	Minestra

Roupas
Vestiti

Avental	Grembiule
Blusa	Camicetta
Calça	Pantaloni
Camisa	Camicia
Casaco	Cappotto
Chapéu	Cappello
Cinto	Cintura
Colar	Collana
Jaqueta	Giacca
Jeans	Jeans
Luvas	Guanti
Meias	Calzini
Moda	Moda
Pijama	Pigiama
Pulseira	Braccialetto
Saia	Gonna
Sandálias	Sandali
Sapato	Scarpa
Suéter	Maglione
Vestido	Abito

Saúde e Bem-Estar #1
Salute e Benessere #1

Altura	Altezza
Ativo	Attivo
Bactérias	Batteri
Clínica	Clinica
Doutor	Medico
Farmácia	Farmacia
Fome	Fame
Fratura	Frattura
Hábito	Abitudine
Hormones	Ormoni
Medicina	Medicina
Nervos	Nervi
Ossos	Ossa
Pele	Pelle
Postura	Postura
Reflexo	Riflesso
Relaxamento	Rilassamento
Terapia	Terapia
Tratamento	Trattamento
Vírus	Virus

Saúde e Bem-Estar #2
Salute e Benessere #2

Alergia	Allergia
Anatomia	Anatomia
Apetite	Appetito
Caloria	Caloria
Corpo	Corpo
Dieta	Dieta
Digestão	Digestione
Doença	Malattia
Energia	Energia
Genética	Genetica
Higiene	Igiene
Hospital	Ospedale
Humor	Umore
Infecção	Infezione
Massagem	Massaggio
Peso	Peso
Recuperação	Recupero
Sangue	Sangue
Saudável	Sano
Vitamina	Vitamina

Tempo
Tempo

Ano	Anno
Antes	Prima
Anual	Annuale
Calendário	Calendario
Década	Decennio
Dia	Giorno
Futuro	Futuro
Hoje	Oggi
Hora	Ora
Manhã	Mattina
Meio-Dia	Mezzogiorno
Mês	Mese
Minuto	Minuto
Momento	Momento
Noite	Notte
Ontem	Ieri
Passado	Passato
Relógio	Orologio
Semana	Settimana
Século	Secolo

Tipos de Cabelo
Tipi di Capelli

Branco	Bianco
Brilhante	Lucido
Cachos	Riccioli
Careca	Calvo
Cinza	Grigio
Colori	Colorato
Encaracolado	Riccio
Fino	Sottile
Grosso	Spessore
Loiro	Biondo
Longo	Lungo
Marrom	Marrone
Ondulado	Ondulato
Prata	Argento
Preto	Nero
Saudável	Sano
Seco	Asciutto
Suave	Morbido
Trançado	Intrecciato
Tranças	Trecce

Universo
Universo

Asteróide	Asteroide
Astronomia	Astronomia
Astrônomo	Astronomo
Atmosfera	Atmosfera
Celestial	Celeste
Céu	Cielo
Cósmico	Cosmico
Equador	Equatore
Galáxia	Galassia
Hemisfério	Emisfero
Horizonte	Orizzonte
Latitude	Latitudine
Longitude	Longitudine
Lua	Luna
Órbita	Orbita
Solar	Solare
Solstício	Solstizio
Telescópio	Telescopio
Visível	Visibile
Zodíaco	Zodiaco

Vegetais
Verdure

Abóbora	Zucca
Aipo	Sedano
Alcachofra	Carciofo
Alho	Aglio
Batata	Patata
Beringela	Melanzana
Brócolis	Broccolo
Cebola	Cipolla
Cenoura	Carota
Chalota	Scalogno
Cogumelo	Fungo
Ervilha	Pisello
Espinafre	Spinaci
Gengibre	Zenzero
Nabo	Rapa
Pepino	Cetriolo
Rabanete	Ravanello
Salada	Insalata
Salsa	Prezzemolo
Tomate	Pomodoro

Veículos
Veicoli

Ambulância	Ambulanza
Avião	Aereo
Balsa	Traghetto
Barco	Barca
Bicicleta	Bicicletta
Caminhão	Camion
Caravana	Caravan
Carro	Auto
Foguete	Razzo
Helicóptero	Elicottero
Jangada	Zattera
Lambreta	Scooter
Metrô	Metropolitana
Motor	Motore
Ônibus	Autobus
Pneus	Pneumatici
Submarino	Sottomarino
Táxi	Taxi
Transporte	Navetta
Trator	Trattore

Xadrez
Scacchi

Aprender	Per Imparare
Branco	Bianco
Campeão	Campione
Concurso	Concorso
Desafios	Sfide
Diagonal	Diagonale
Estratégia	Strategia
Jogador	Giocatore
Jogo	Gioco
Oponente	Avversario
Passivo	Passivo
Pontos	Punti
Preto	Nero
Rainha	Regina
Regras	Regole
Rei	Re
Sacrifício	Sacrificio
Tempo	Tempo
Torneio	Torneo

Parabéns

Conseguiu!

Esperamos que tenha gostado tanto deste livro como nós gostamos de o desenhar. Esforçamo-nos por criar livros da mais alta qualidade possível.
Esta edição foi concebida para proporcionar uma aprendizagem inteligente, de qualidade e divertida!

Gostou deste livro?

Um simples pedido

Estes livros existem graças às críticas que publica.
Pode ajudar-nos, deixando agora uma revisão?

Aqui está um pequeno link para
a sua página de revisão:

BestBooksActivity.com/Avaliacoes50

DESAFIO FINAL!

Desafio n° 1

Está pronto para o seu jogo grátis? Usamo-los a toda a hora, mas não são tão fáceis de encontrar - aqui estão os **Sinônimos!**
Escreva 5 palavras que encontrou nos puzzles (n° 21, n° 36, n° 76) e tente encontrar 2 sinónimos para cada palavra.

Escreva 5 palavras de **Puzzle 21**

Palavras	Sinônimo 1	Sinônimo 2

Escreva 5 palavras de **Puzzle 36**

Palavras	Sinônimo 1	Sinônimo 2

Escreva 5 palavras de **Puzzle 76**

Palavras	Sinônimo 1	Sinônimo 2

Desafio n° 2

Agora que já aqueceu, escreva 5 palavras que encontrou nos Puzzles (n° 9, n° 17 e n° 25) e tente encontrar 2 antônimos para cada palavra. Quantos se podem encontrar em 20 minutos?

Escreva 5 palavras de **Puzzle 9**

Palavras	Antônimo 1	Antônimo 2

Escreva 5 palavras de **Puzzle 17**

Palavras	Antônimo 1	Antônimo 2

Escreva 5 palavras de **Puzzle 25**

Palavras	Antônimo 1	Antônimo 2

Desafio n° 3

Óptimo! Este desafio final não é nada para si.

Pronto para o desafio final? Escolha 10 palavras que tenha descoberto nos diferentes puzzles e escreva-as abaixo.

1.	6.
2.	7.
3.	8.
4.	9.
5.	10.

Agora escreva um texto a pensar numa pessoa, num animal ou num lugar de seu agrado.

Pode utilizar a última página deste livro como um rascunho.

A Sua Composição:

CADERNO DE NOTAS:

ATÉ BREVE!

A equipa Inteira

DESCUBRA JOGOS GRATUITOS

GO

↓

BESTACTIVITYBOOKS.COM/FREEGAMES